Claudia Christ
und Bernhard Fenn

Der Glücksweg

Claudia Christ und Bernhard Fenn

DER GLÜCKSWEG

Kommen Sie endlich da an, wo Sie hinwollen

ARISTON

Mix
Produktgruppe aus vorbildlich bewirtschafteten Wäldern und anderen kontrollierten Herkünften
www.fsc.org Zert.-Nr. SGS-COC-001940
FSC

EOS Verlagsgruppe Random House FSC-DEU-0100
Das für dieses Buch verwendete FSC-zertifizierte Papier
EOS liefert Salzer Papier, St. Pölten, Austria.

Bibliografische Information der Deutschen Bibliothek

Die Deutsche Bibliothek verzeichnet diese Publikation
in der Deutschen Nationalbibliografie; detaillierte bibliografische Daten
sind im Internet unter http://dnb.ddb.de abrufbar.

Umschlaggestaltung: Werbeagentur ZERO unter Verwendung
eines Motivs von getty images/Brand X Pictures
Satz: EDV-Fotosatz Huber/Verlagsservice G. Pfeifer, Germering
Druck und Bindung: GGP Media GmbH, Pößneck
Printed in Germany 2010

ISBN 978-3-424-20026-3

Inhalt

Zur Einstimmung

Achte auf deine Gedanken,
sie werden zu Worten.

Achte auf deine Worte,
sie werden zu Handlungen.

Achte auf deine Handlungen,
sie werden zu Gewohnheiten.

Achte auf deine Gewohnheiten,
sie werden zu Charaktereigenschaften.

Achte auf deinen Charakter,
er wird dein Schicksal.

aus dem Talmud

Vorwort

Ratgeber für ein glückliches Leben gibt es schon viele. Warum also ein weiteres Buch zu diesem Thema? Die allgemeine Antwort lautet: Die Sehnsucht nach einem glücklichen und erfüllten Leben ist und bleibt in unserer Gesellschaft ein Topthema.

Unsere spezielle Antwort lautet: Unser Buch gibt keine kurzfristigen Glücksversprechen, sondern bietet Ihnen mit seiner Orientierung auf Nachhaltigkeit eine praktische, aus der Erfahrung entstandene, lebenslange Begleitung. Und dafür lohnt sich dieses weitere, etwas andere Buch.

Wir, die beiden Autoren, befassen uns auf unterschiedliche Weise schon sehr lange mit dem Thema. Aus ihrer täglichen Erfahrung in der lehrtherapeutischen Praxis konnte Claudia Christ die vielfältigen Lebenswünsche vieler Menschen kennenlernen und beobachten, welche Wege die Einzelnen ausprobieren, um sich ihre Träume zu erfüllen. Die Grundthemen der Suche nach Glück und beruflicher Erfüllung begleiteten auch Bernhard Fenn während seiner langjährigen Führungstätigkeiten im Topmanagement. Die Menschen aus allen Berufsgruppen, ob es nun Facharbeiter, Handwerker, Unternehmer oder Akademiker sind, und auch aus allen Altersgruppen sind auf der Suche nach einem zufriedenen Leben. Bei unseren unterschiedlichen Vorträgen, Seminaren und Lehrveranstaltungen wurde uns der Bedarf deutlich, der für ein Buch wie dieses besteht. Auch die sehr große Resonanz auf unsere bisherigen Artikel, die wir in einzelnen Fachzeitschriften veröffentlicht haben, ermutigte uns, diesen Ratgeber zu schreiben.

Unsere Seminare, die die Grundlage für dieses Buch bilden, entstanden aus einer sehr starken Eigenmotivation heraus. Beide zusammen blicken wir jetzt auf über 40 Jahre eines intensiven und erfolgreichen Berufs- und Gesellschaftslebens zurück. Dabei haben wir wie so viele heute zahlreiche Schulungsprogramme und Managementtrainings durchlaufen, Erfahrungen gesammelt und Erkenntnisse gewonnen. Und wir blieben nicht von leidvollen Erlebnissen und Beobachtungen verschont, die wir im beruflichen und persönlichen Umfeld miterleben mussten. Meist begannen die Betroffenen erst nach sehr schmerzlichen Einschnitten, ihr Leben zu überdenken und gewisse Dinge infrage zu stellen. Mit unseren Anregungen möchten wir Sie ermuntern, sich den harten Weg zu ersparen und schon jetzt mit einem Umdenken zu beginnen.

Uns ist deutlich geworden, dass es keine schnelle Glücksformel gibt, sondern dass jeder von uns ein nachhaltiges Vorgehen braucht, um dauerhaft zufrieden zu sein. Im Laufe der Jahre haben wir dafür eine Vielzahl von individuellen Übungen zusammengestellt, die wir in unserer täglichen Praxis mit großem Erfolg anwenden. Bisher bestand unsere Dokumentation dieser wertvollen Werkzeuge nur aus separaten Bausteinen. Nun fügen wir sie erstmals zu einem Gesamtwerk zusammen.

Nach dem Motto: »Wenn du einen Menschen ernähren willst, dann gib ihm nicht einen Fisch, sondern lehre ihn die Kunst des Fischens«, wollen wir Ihnen mit diesem Buch helfen, schlichtweg glücklich zu werden – und das nachhaltig. Wir bieten Ihnen mit den folgenden Kapiteln eine Orientierungshilfe, mit der Sie sich aktiv auf den Weg zu Ihrem

Glück begeben können. Nach einer Einführung erwarten Sie vier Teile:

- Im ersten Teil stellen wir Ihnen unser Grundmodell für einen lebenslangen Glücksweg vor. Mit dem *Tafelberg* beschreiben wir einen Leitfaden für ein glückliches und erfülltes Leben, der als Orientierung für Ihren persönlichen Weg dienen kann. Das Modell der *Glücksbalance* zeigt Ihnen dabei die wesentlichen Bereiche im Leben auf, die für ein dauerhaftes Glück betrachtet werden müssen.
- Im zweiten Teil werden Sie Ihre jetzige Ausgangsposition bestimmen. Dabei erfahren Sie etwas über Ihren Persönlichkeitstyp, über Ihre Motivation und über den Füllstand Ihrer Lebensbatterie. So beugen Sie nicht zuletzt einem Burnout vor, indem Sie bereits die ersten Anzeichen erkennen und beheben. Ganz nebenbei wollen wir Ihre Neugier wecken – Ihre Neugier auf sich selbst! So starten Sie von Ihrem momentanen Ausgangspunkt in Ihr nachhaltiges Glück.
- Der dritte Teil gibt Ihnen verschiedene Werkzeuge an die Hand, mit denen Sie den Tafelberg und die Glücksbalance maßgeschneidert für Ihr Leben ausgestalten können. Durch gezielte Übungen können Sie für sich die richtige Balance zwischen Anstrengung und Muße finden, Ihre Lebenseinstellung überprüfen und die Wechselwirkung von innerer und äußerer Haltung kennenlernen. Alles in allem: Sie finden Ihren inneren Anker.
- Im vierten Teil stellen Sie Ihre individuell gefundenen Parameter für ein nachhaltig glückliches Leben in Checklisten für Ihren Alltag zusammen. Diese Listen dienen dann der regelmäßigen Überprüfung Ihres Lebensplans unter Berücksichtigung Ihrer individuellen Lebenseinstellung und Ihrer selbstgesteckten Lebensziele. Eventuell müssen

Korrekturen vorgenommen werden. Übung macht bekanntlich den Meister, und die regelmäßigen Lebensinspektionen werden die Basis für Ihr nachhaltiges Lebensglück bilden.

Damit wünschen wir Ihnen viel Glück – ein Leben lang!

Dr. Claudia Christ und Bernhard Fenn
www.christ-fenn.de
Wiesbaden und Dieburg, im Herbst 2009

Glücklich leben – es liegt an Ihnen

»Dass andere Leute kein Glück haben, finden wir sehr natürlich, dass wir selber keins haben, erscheint uns immer unfassbar.«
Marie von Ebner-Eschenbach

Die Idee dieses Buches

Wenn Sie Ihr Leben sinnvoll und glücklich gestalten möchten, bietet Ihnen dieses Buch dafür praktisch umsetzbare Ideen und Anregungen. Es erwartet Sie hier ein individuelles und nachhaltiges Programm, das Sie immer wieder aus Ihrem Bücherregal ziehen können und sollten. Immer wieder deshalb, da sich die Kriterien für Glück und Lebenszufriedenheit in den verschiedenen Lebensphasen ändern. Unser Glück ist ständig in Bewegung! In unserem Tafelbergmodell, das Sie noch kennenlernen werden, gehen wir von drei Haupt-Lebensphasen aus, die an uns völlig unterschiedliche Anforderungen stellen. Als 65-Jähriger stellen wir andere Ansprüche an das Leben als im Alter von 20 Jahren. Wir verändern uns und damit wandeln sich auch die Vorstellungen vom Glück.

Im jungen Erwachsenenalter wollen wir die Welt erobern, durchgefeierte Nächte und unbekümmerte Aktionen geben uns den Kick. Keine Aufgabe scheint zu schwer, körperliche Kräfte sind ausreichend vorhanden. Dann tauchen wir in die Realität eines verantwortungsvolleren Lebens ein, das für uns eine berufliche Orientierung und familiäre Aufgaben bereithält. Es stehen nicht mehr alle Türen offen und durchgemachte Nächte sieht man uns am nächsten Morgen an. Die ersten Gedanken daran tauchen auf, dass wir nicht unendlich lange leben und uns die Gesundheit vielleicht nicht immer uneingeschränkt zur Verfügung steht.

Die dritte Phase hat wieder einen anderen Reiz: Durch viele Fehler sind wir klüger geworden, wir müssen nicht mehr alles erobern. Wir finden Themen und Menschen, die uns längerfristig beschäftigen. Der kurze Kick ist einer längerfristigen Betrachtung mit Tiefgang gewichen. In diesem letzten Lebensabschnitt geben wir unsere Erfahrungen an die nächste Generation weiter, wir wollen Spuren hinterlassen.

Sie merken schon in dieser kurzen Einleitung, dass Lebensglück vielfältig ist und sich im Laufe unseres Lebens mehrmals wandelt. Daher möchten wir Sie mit unserem Buch nachhaltig begleiten und begeistern.

Wir stülpen Ihnen keine vorgefertigten Parolen wie *think positive* über, auch wenn das in vielen Seminaren noch immer geschieht. Wir bieten Ihnen eine längerfristige Anleitung zu lebenslanger Leistungsfähigkeit und Zufriedenheit. Das Buch begleitet Sie dafür in konkreten Schritten und mit praktischen Übungen auf Ihrem Weg, damit Sie die Werkzeuge dauerhaft in Ihren Alltag und Ihre Lebensgestaltung integrieren können. Wir können Ihnen kein Heilsversprechen geben, das sich dann unter Umständen sowieso nicht erfüllt. Vielmehr wollen wir Sie dazu anregen, Ihre bisherigen Lebenserfolge zu würdigen, Ihre schlafenden Potenziale zu entwickeln und unentwegt am Ball zu bleiben.

Unser Programm gilt für ein Leben, nicht für einen kurzen Augenblick. Wir legen großen Wert auf Nachhaltigkeit. Wir möchten Sie wie unsere Klienten und Seminarteilnehmer dafür gewinnen, Ihre persönlichen Ressourcen zu entwickeln und zu nutzen, aber auch mit ihnen Maß zu halten, sich also teilweise selbst zu begrenzen und zu disziplinieren. Nur so werden Sie in der Lage sein, diese Ressourcen das gesamte Leben über sinnvoll einzusetzen. Diese individuelle Nachhaltigkeit im persönlichen Bereich gilt für alle Ebenen des Menschen, für den Körper und die Gesundheit, für den Geist, für das soziale Miteinander und ebenso für die Belange um Seele und Spiritualität.

Was bedeutet Glück in unserer Gesellschaft?

Im Sommer 2006 veröffentlichte die *New Economics Foundation*, eine 1986 gegründete unabhängige Gesellschaft zur Förderung innovativer Problemlösungen, den *Happy Planet Index*. Gefragt wurde nach den Erwartungen an das Leben, nach der allgemeinen Zufriedenheit und nach dem Verhältnis der Menschen zu ihrer Umwelt. Glaubt man diesem Bericht, so leben die glücklichsten Menschen in einem kleinen Inselstaat im Südpazifik. Die Menschen dort sind Bauern und Fischer und deshalb so glücklich, weil sie mit wenig zufrieden sind. Das Leben dreht sich um die Gemeinschaft, um die Familie und um das, was man anderen Leuten Gutes tun kann.

Im Vergleich zu dem kleinen Inselstaat im Südpazifik fällt der Glücksfaktor in den reichen Ländern der industrialisierten Welt, den Ländern des umfangreichen Konsum-, Freizeit- und Unterhaltungsangebotes eher schlecht aus: Platz 81 für die Bundesrepublik Deutschland, immerhin das viertglücklichste Land Europas hinter Italien, Österreich und Luxemburg. Ganz übel ist das gefühlte Glück in den USA (Platz 150), im ölreichen Kuwait (Platz 159) und in Qatar (Platz 166), die letzten beiden sind Länder, in denen die einheimische Bevölkerung durch Regierungsrenten von jeder Erwerbsarbeit befreit ist.

Was können wir von den glücklichen Menschen in der Südsee lernen? Richard David Precht zieht daraus in seinem Buch *Wer bin ich und wenn ja, wie viele?* folgende Lehre: Geld, Konsum und ein umfangreiches Freizeitangebot machen nicht wirklich glücklich. Das ist eine interessante Aussage, die wir uns genauer anschauen wollen.

Wirtschaftsinstitute wie die *New Economics Foundation* untersuchen, inwieweit Geld überhaupt glücklich macht, und ob die Kriterien Einkommen und Besitz tatsächlich dazu taugen, um das Glück und die Zufriedenheit in einer Gesellschaft zu messen. Diese Glücksforscher fanden unter anderem heraus, dass sich das Realeinkommen und der Lebensstandard in den USA in den letzten 60 Jahren verdoppelt haben. Der Anteil der nach eigener Ansicht glücklichen Menschen wuchs dagegen nicht, sondern blieb fast konstant. Die detaillierte Berechnung einer anderen Studie kommt zu dem Schluss, dass das Glück ab einem Pro-Kopf-Jahreseinkommen von etwa 20 000 Dollar nicht mehr proportional zum Einkommen ansteigt. Eine grundsätzliche Erklärung für dieses mangelnde Glückswachstum ist, dass Erwerben zwar kurzfristig glücklich machen kann, nicht aber Besitzen. Sind die Ansprüche erfüllt, wachsen schnell neue Wünsche nach, während man sich an das, was man hat, schnell als selbstverständlich gewöhnt. Reichtum ist damit ein relativer Begriff. Man ist immer so reich, wie man sich fühlt, und die Mitmenschen bieten hierfür in der Regel den Maßstab.

Das Seltsame an diesen Befunden ist, dass sie kaum Einfluss auf unser Leben haben. Der Traum von der finanziellen Unabhängigkeit und den entsprechenden Statussymbolen ist heute noch immer der am weitesten verbreitete Lebenstraum in den Industriestaaten. Genau dafür arbeiten wir hart und investieren viel Lebenszeit. Geld und Prestige stehen auf der höchsten Stufe unseres gesellschaftlichen Wertesystems, noch vor der Familie und Freunden. Dies ist umso erstaunlicher, als dass die Werteskala der Glücksforscher genau andersherum ausfällt. Danach gibt es nichts, was mehr Glück stiftet als die Beziehung zu anderen Menschen, also zur Familie, zum

Partner, zu Kindern und Freunden. An zweiter Stelle steht das Gefühl, etwas Nützliches zu tun.

Vertraut man dieser Werteskala, dann leben die meisten Menschen in unserer westlichen Gesellschaft so, dass sie nicht glücklich werden können. Überspitzt gesagt: Sie opfern ihre Freiheit und ihre Selbstbestimmung für ein höheres Einkommen. Sie kaufen Dinge, die sie nicht brauchen, um damit Leute zu beeindrucken, die sie nicht mögen.

Erfolge im Äußeren sind überhaupt nichts wert, wenn man parallel dazu nicht auch im Inneren seine Erfolge hat. Es ist ein riesiger Unterschied, ob man im Wohlstand lebt oder im Wohlbefinden. Es ist daher wichtig, in ständiger Achtsamkeit auf seinen Geist, seinen Körper und seine Seele zu leben, wenn man Glück und Zufriedenheit finden will.

Wachsendes Glück und zunehmende Zufriedenheit sind nicht zu verwechseln mit ansteigender Leistung und immer mehr Erfolg. Häufig wird das in unserer Gesellschaft aber fälschlicherweise gleichgesetzt. Das Problem ist, dass nicht nur unsere Mentalität, sondern unser ganzes Gesellschaftssystem weitgehend auf dieser materiellen Orientierung aufbaut. Dazu gibt es eine Geschichte, die verschiedenen Schriftstellern zugeschrieben wird:

In einem Mittelmeerhafen liegt ein armer Fischer in der Mittagssonne auf der faulen Haut. Ein Tourist spricht ihn an und versucht ihn davon zu überzeugen, lieber fischen zu gehen. »Warum?«, möchte der Fischer wissen. »Um mehr Geld zu verdienen«, entgegnet der Tourist. Eilig rechnet er vor, wie viele zusätzliche Fischzüge den Fischer zu einem wohlhabenden Mann mit vielen Angestellten machen könnten. »Wozu?«, möchte der Fischer erneut wissen. »Um so reich zu sein, dass du dich in Ruhe zurücklehnen und in die Sonne legen kannst«, erklärt der Tourist. »Aber genau das kann ich doch auch jetzt«, sagt der Fischer und schläft weiter.

Gemäß einer weltweiten Werte-Umfrage trägt auch die Hoffnung auf Glück maßgeblich zum Glück selbst bei. Denn kaum jemand lebt ohne seine persönliche Vorstellung vom Glücklichsein und ohne Sehnsucht nach dem Glück. Das Glück ist, jenseits aller Glücksstatistiken, immer auch eine ganz private Sache. Der Philosoph Ludwig Marcuse meinte dazu in seiner *Philosophie des Glücks*: »Mein Glück ist der Augenblick tiefster Übereinstimmung mit mir selbst.«

Der spannende Punkt hinter den meisten der typischen Glückssituationen, beim Flirt, beim Sex, beim Essen, beim Sport, ist das Spiel von Erwartung und Erfüllung. Ein Jogger erlebt mitunter seelische Hochzustände, weil langes Laufen Endorphine freisetzt. Aber er erlebt noch einmal ganz andere Glücksgefühle, wenn er seine eigene Rekordzeit unterbietet oder ein Rennen gewinnt. Dieses größere Glücksgefühl kommt nicht aus der natürlichen Reaktion des Körpers beim Laufen, es kommt durch die Erfüllung oder sogar Übererfüllung der Erwartung zustande. Der erzielte Erfolg belohnt den Läufer und macht ihn glücklich. Dabei spielen natürlich das selbstgesteckte Ziel und die reale Möglichkeit, es zu erreichen oder gar zu übertreffen, eine entscheidende Rolle.

Meist erleben wir das Glück als eine Art Rausch. Dann sind wir sehr aufgeschlossen, freundlich, spontan, flexibel und produktiv. Wir glauben, wir könnten Berge versetzen. Doch dieser rauschhafte Zustand hält bekanntlich nicht lange an. Und das ist möglicherweise auch gut so. Zu viele Glückshormone wie Endorphine und Serotonin machen nämlich gleichgültig. Die Rezeptoren im Gehirn stumpfen ab, und der Zauber lässt nach. Wer versucht, einen solch vergänglichen Zustand künstlich zu verlängern, der erlebt meist schnell ein Fiasko – den Terror permanenter Erfolgssucht. Dann müssen immer häufiger neue Rekorde aufgestellt werden, die dann immer schwerer erreichbar sind.

Dauerhaftes Glück lässt sich nur erreichen, wenn die Erwartungen realistisch bleiben. Damit lässt sich auch erklären, dass Menschen in schwierigen Lebenssituationen glücklicher sein können als privilegierte. Mit sich selbst übereinzustimmen, wie Ludwig Marcuse es nennt, bedeutet also: mit den eigenen Erwartungen im Einklang zu sein. Zu einem solchen nachhaltigen Glück wollen wir Sie mit diesem Buch führen.

Glück wandelt sich durch die Zeiten

Was Glück ist, wird von den verschiedenen Generationen teilweise ganz unterschiedlich definiert. Für die Generation der während des Zweiten Weltkriegs oder in der Zeit direkt danach Geborenen stand häufig das Motto: »Schaffe, schaffe, Häusle baue«, im Vordergrund. Dem persönlichen und gesellschaftlichen Wiederaufbau wurde alles untergeordnet. Es galt, wieder auf die Beine zu kommen, persönlich, wirtschaftlich und als gesamtes Volk, als gesamte Gesellschaft. Das individuelle Glück kam dabei regelmäßig zu kurz. Für Muße blieb keine Zeit. Es galt, einen Kampf um das Überleben zu gewinnen, da war für weitere Überlegungen oder Stimmungen selten Platz. Das Streben nach dem großen Glück stand für diese Generation nicht so sehr im Vordergrund. Man war häufig glücklich mit den kleinen Dingen des Lebens. Größeres Glück wurde dabei oft auf die nächste Generation projiziert: »Meine Kinder sollen es einmal besser haben als ich.«

In seinem Buch *Generation Golf* thematisierte Florian Illies im Jahr 2000 erstmals die danach benannte Generation der in den 1960-er und 1970-er Jahren in der Bundesrepublik Deutschland Geborenen, zu der auch wir, die Autoren, gehören. Nach Ansicht von Florian Illies ist diese Generation unter anderem durch eine materiell sorgenfreie Jugend geprägt. Dadurch ist sie die erste Generation, die den materiellen Genuss als höchstes Gut ansieht und als Grundvoraussetzung für ein gutes und glückliches Leben definiert. Das Markenbewusstsein wird von dieser Generation zu einem Wert erhoben.

Diese Generation hatte als erste das Glück, ohne Kriegseinwirkungen in allgemeinem Wohlstand und ökonomischer Sicherheit aufzuwachsen. Andererseits begannen diese Jahrgänge für die ökologischen Folgen des Wirtschaftsbooms zu büßen. Dennoch genießt die »Generation Golf« den Wohlstand, den ihre Elterngeneration erarbeitet hat. Unsere Eltern haben vielen von uns eine gute Ausbildung ermöglicht, die uns in die Lage versetzte, unsere Lebensausrichtung frei wählen zu können, beruflich und in vielen weiteren Lebensbereichen. Dadurch konnten wir unseren Lebensalltag freier gestalten. Ein weiterer Bereich, der in dieser Generation in den Vordergrund rückte, ist die Freizeit. Für die »Generation Golf« ist es im Extremfall sogar möglich geworden, als ungeübter Tourist den Mount Everest zu besteigen. Spaß und Extreme bestimmen das Angebot der Freizeitindustrie. Nicht umsonst wird die von dieser Generation geprägte Welt auch als Freizeit- und Spaßgesellschaft bezeichnet.

Für die Heranwachsenden dieser Tage, die nächste Generation, hat sich die ökonomische Situation in der Regel noch weiter verbessert, oder vielleicht sollte man sogar sagen: zugespitzt. Heute ist für junge Menschen schon in frühen Jahren vieles erreichbar, käuflich, verfügbar, was sich die Generationen vorher härter erarbeiten mussten. Für einen 18-Jährigen sind beispielsweise der Führerschein und ein Auto fast selbstverständlich. Auf den ersten Blick erscheint das vielleicht als tolle Entwicklung. Auf den zweiten Blick wird allerdings deutlich, dass dies zu einer frühen Demotivation führen kann, aus dem weiteren Leben noch etwas zu machen, sich für etwas anzustrengen.

Es gibt nicht wenige Fälle, in denen die Heranwachsenden dieser Tage von ihren Eltern zu Überperformern gedrillt werden – sie sollen im zartesten Alter bereits perfekt lesen und rechnen können, alle möglichen Kurse absolvieren, Instrumente erlernen, ein Schulleben lang ausschließlich Bestnoten schreiben und so fort. Aber auch in anderen Bereichen gibt es diesen Trend zum Superlativ: Um noch Glück zu empfinden, reicht für die heutige Generation häufig nicht mehr das Extreme, sondern nur noch das Exzessive. Es muss das »supermegatolle« Handy, der »abgefahrene« Laptop und die »obercoole« Party sein. Mit Alcopops, Drogen und im Cyberspace versetzt sich die neue Generation in Glückszustände. Nicht die Realität, sondern die Virtualität wird gelebt. Zu dieser exzessiven Haltung gibt es aber auch gegenläufige Bewegungen, die strenge Maßstäbe an Moral und Lebensformen setzen, wie beispielsweise das Gebot »kein Sex vor der Ehe« oder eine brave Bilderbuchkarriere.

Die Gegenseite des Wohlstandes lässt sich heute auch nicht mehr übersehen. Es gibt eine zunehmende Zahl von Familien, Alleinerziehenden oder Jugendlichen, die in der Nähe der Armutsgrenze leben müssen und für die der allgemeine Standard unerreichbar bleibt. Für die davon Betroffenen heißt Glück sicher wieder etwas anderes.

Wie Sie sehen, wird Glück von den verschiedenen Generationen in unserer Gesellschaft ganz unterschiedlich definiert. Unsere Beobachtungen haben gezeigt, dass – so unterschiedlich diese Generationen und ihre Sicht auf das Glück auch sind – die in diesem Buch dargestellten Modelle und Werkzeuge von all diesen unterschiedlichen Menschen erfolgreich angewendet werden können. Denn Glück kann man lernen, und zwar in jedem Alter. Natürlich ist es umso leichter, wenn man frühzeitig damit beginnt. Aber zu spät ist es nie.

Glück kann man lernen

Inzwischen gibt es *Glück* sogar schon als Unterrichtsfach an einigen Schulen, die hier Vorreiter sind. An einer Heidelberger Schule wurde das neue Unterrichtsfach *Lebenskompetenz* zuerst eingeführt. Von den meisten Schülern wird es einfach kurz »Glück« genannt. Das Interesse ist groß. Mit einem neuen Unterrichtskonzept soll versucht werden, Bildung wieder im ursprünglichen Sinn – als Kompetenzaufbau für das Leben – zu vermitteln. Das als Seminarkurs angebotene Fach kann von den Schülern freiwillig gewählt werden und soll ihnen ein neues, klares Bewusstsein von sich selbst, ihrer Umwelt und der Gemeinschaft, in der sie leben, vermitteln. Auch körperliches Wohlbefinden und soziale Kompetenz sind Lerninhalte. Es geht also schlichtweg um Persönlichkeitsbildung.

Eigentlich ist es kaum zu glauben, dass *Glück* als Schulfach angeboten wird. Ausgerechnet in der Schule, die laut einer Studie der Unglücksfaktor Nummer zwei bei deutschen Kindern ist – nur beim Zahnarzt sind sie noch unglücklicher –, sollen die Kinder etwas über Glück lernen. Der Schulleiter der angesprochenen Heidelberger Schule, Ernst Fritz-Schubert, hat sein Konzept in seinem Buch *Schulfach Glück: Wie ein neues Fach die Schule verändert* beschrieben. Darin wird deutlich, dass sich Schule nicht einfach nur den schnell wechselnden Anforderungen der Wirtschaft unterwerfen darf. Er möchte den Schülern Lebenskompetenz vermitteln. Die Einführung des neuen Schulfachs scheint auch uns ein wichtiger Schritt zu sein, um das Glück der Schüler und die Förderung ihrer individuellen Begabungen ins Zentrum zu setzen, anstatt standardisierte Karrieren zu produzieren.

Freude am Leben, Freude an der Leistung, Freude an der Bewegung … so und ähnlich lauten die Titel der Unterrichtseinheiten, die durch verschiedene Fachleute lebhaft und interessant gestaltet wurden und die Schüler Schritt für Schritt ans Ziel führen: mehr Zufriedenheit, mehr waches Interesse und Leistungsbereitschaft, mehr Freude, mehr Handlungskompetenz, mehr Achtung und Respekt, mehr Verständnis, mehr Mut, mehr Gemeinschaft und Sozialkompetenz, mehr Wissen … mehr Glück. Mit einfachen Übungen wird den Schülern beispielsweise vermittelt, wie man in sich hineinhört, die eigenen Wünsche und Präferenzen wahrnimmt und anschließend auch mit seinen Mitschülern darüber kommuniziert.

Ein Beispiel: Ein Schüler sucht sich ein Bild aus, das einen seiner Wünsche ausdrückt. Max hat sich ein Bild mit zwei Kaffeetassen ausgesucht. »Du magst Pausen«, schlägt sein Gegenüber vor. »Und es darf auch mal etwas mehr sein, wegen der zwei Tassen.« Durch diese simple Beispielübung werden sich die Schüler ihrer selbst ein Stück bewusster und erfahren, wie sie von anderen gesehen werden. Außerdem trainiert diese Übung die Fähigkeit, sich in jemand anderen hineinzuversetzen, was für eine erfolgreiche Teamarbeit unverzichtbar ist.

Dem Fach *Glück* liegt der Gedanke zugrunde, dass Bildung mehr sein muss als berufliche Qualifikation. Der Ansatz ist im Grunde nicht neu. Hartmut von Hentig, einer der einflussreichsten Pädagogen Deutschlands, schreibt im Vorwort zum Bildungsplan in Baden-Württemberg: »Jeden Bildungsplan wird man künftig daran messen, ob er geeignet ist, die Zuversicht junger Menschen, ihr Selbstbewusstsein und ihre Verständigungsbereitschaft zu erhöhen … Es ist unser Ziel, starke, zuversichtliche Persönlichkeiten zu formen. Dazu gehört die Fähigkeit, sich zu freuen, zu reflektieren und sich wohlzufühlen, körperlich wie seelisch.« Glück ist erlernbar, diese Aussage steckt auch darin. Mentale Stärke und seelische Ausgeglichenheit sind somit Themen des Lehrfachs zum Glücklichsein. Dabei erfolgt die Vermittlung dieser Inhalte nicht durch traditionellen Unterricht, sondern hauptsächlich durch das eigene Erfahren. Es geht um die Wahrnehmung der eigenen Kompetenzen und, noch wichtiger, der eigenen Präferenzen.

Verantwortung übernehmen, andere Menschen für sich gewinnen, Konflikte lösen, Interessen und Begabungen entdecken und entfalten, Gesundheitsbewusstsein entwickeln, all dies sind wichtige Kompetenzen auf dem Weg zu einem nachhaltigen Lebensglück. Und das gilt nicht nur für junge Menschen, auch wenn es für sie im Leben natürlich leichter wird, wenn sie sie bereits in der Schule (oder besser noch im Elternhaus) lernen. In jedem Alter ist es möglich, sich diese Fähigkeiten zu erschließen und somit die Chance auf echtes Lebensglück deutlich zu erhöhen.

In der Arbeit mit Klienten konnten wir einige Glückslektionen entwickeln und Menschen auf einen Weg zu einem dauerhaften Lebensglück begleiten. Diese Lektionen möchten wir nun an Sie weitergeben, sie sind gut nachvollziehbar dargestellt, anhand von Beispielen verdeutlicht und mit konkreten praktischen Übungen unterlegt. So stellen wir Ihnen nach dem einführenden Kapitel nun unseren modellhaften Weg zum Lebensglück vor, der als Leitfaden und Orientierung für ein glückliches und erfülltes Leben dienen kann. Mit der Glücksbalance zeigen wir Ihnen dann die wesentlichen Bereiche im Leben auf, die für ein dauerhaftes Glück notwendig sind. Zunächst aber wollen wir Sie ein bisschen auf das einstimmen, worum es in diesem Buch geht und was Sie, wie die meisten heute, im Alltag gar nicht so genau betrachten: sich selbst und Ihr eigenes Leben.

Woher komme ich, wohin gehe ich?

Jede Reise, auch die zum Glück ist davon nicht ausgenommen, hat irgendwo ihren Anfang genommen. In diesem einleitenden Kapitel möchten wir Sie zum Nachdenken darüber anregen, von welchem Ausgangspunkt Sie ins Leben gestartet sind. Der Startpunkt sieht bei jedem Menschen etwas anders aus. Aber sicher entdecken Sie in der folgenden Beschreibung einige Details Ihrer Startbedingungen wieder.

Woher komme ich?

Wir starten unseren Lebensweg genau genommen mit der Zeugung, der nach ungefähr neun Monaten die Geburt folgt. Unsere allererste Umgebung prägen die Eltern (bzw. Großeltern oder Ersatzeltern) und die Verhältnisse, in denen wir aufwachsen. Zu den wichtigsten Faktoren zählen in der Frühphase die elterliche Bindung, die erlernten Familienkonzepte, beispielsweise »Erst die Arbeit, dann das Vergnügen!«, das soziale Umfeld, die politischen Umstände, die Bildungsmöglichkeiten und natürlich unsere individuellen, persönlichen Veranlagungen. Etwas später kommen Institutionen wie Kindergarten, Schule, vielleicht die Kirche, Vereine, Freunde oder Peergroups hinzu, die unser Lebensglück beeinflussen.

Neben äußeren Umständen und erlernten Verhaltensmustern ist besonders unsere innere Einstellung wichtig für einen guten und zufriedenen Lebensweg. Optimale Startbedingungen wünscht sich sicher jeder: ein gutes Elternhaus, stabile finanzielle Verhältnisse, ausreichend emotionale Geborgenheit, gute Bildung, Gesundheit, ein tragendes soziales Netzwerk … Die Realität lässt in diesem schönen Bild meist ein paar Lücken. Während der eine liebevolle Eltern, aber kein Geld hat, so mangelt es dem anderen nicht an finanzieller Sicherheit, sondern an einer intakten Gesundheit. Der eine sehnt sich nach Geschwistern, dem anderen sind die drei leiblichen Brüder und die vier Stiefgeschwister lästig. Optimale Bedingungen garantieren jedoch kein glückliches Leben, und schlechte Voraussetzungen verhindern dieses nicht. Es kommt ebenso auf unsere Fähigkeiten, beispielsweise die zur Selbstfürsorge, und auf unsere innere Einstellung zu allen möglichen Lebensbereichen an. Wir sind in der Lage, unabhängig von unserem Ausgangspunkt ein nachhaltig glückliches Leben zu gestalten. Dazu bedarf es natürlich einiger Bemühungen. Werden Sie also aktiv! Auch wenn uns die Umstände zu Beginn unseres Lebens nicht ein für alle Mal festlegen müssen, betrachten sollten wir sie zunächst schon. Vielleicht können Sie Ihre Startbedingungen zuerst in eine einfache Kategorisierung bringen: optimal, gut, gemischt, bescheiden, schlecht.

Viele Menschen sind tagtäglich damit beschäftigt, den Bedingungen ihrer Kindheit nachzuhängen. Dann versuchen sie, Dinge zu ändern, die sich kaum ändern lassen und um die es in der Gegenwart auch nicht mehr geht. Es kann recht viel Energie kosten, die nörgelnde Mutter zu einer liebevollen umerziehen zu wollen. Der emotionsarme Vater wird meist trotz größter Anstrengung kein romantischer Schwärmer. Auch der lebenslange Versuch, die eigenen Handlungen so auszurichten, dass immer alle Leute zufrieden sind, führt vor allem zu einem Gefühl: Frust.

Anstatt alle Energie in die unangenehmen Seiten der Vergangenheit zu stecken, sollten Sie sich lieber auf Ihre eigenen Fähigkeiten besinnen. Die meisten Menschen unterschätzen nämlich das, was sie selbst draufhaben. Immer wieder zeigt die Erfahrung in unserer Beratungspraxis, dass Klienten ihr eigenes Können kaum wahrnehmen. Oft fallen dort Sätze wie: »Na, das war ja nicht gerade perfekt«, oder: »Ich bin ja doch nichts wert«, oder: »Das ist doch selbstverständlich, dass ich mich um meine Familie kümmere.«

Zurückschauen ist an sich nicht verkehrt. Wir möchten Sie ermuntern, auf Ihre eigenen *inneren* Startbedingungen zu schauen. Vielleicht entdecken Sie dabei mehr Qualitäten, als Sie jemals gedacht haben. Folgende einfache Fragen können Sie zu Ihren Stärken führen: Was haben Sie bis heute alles geregelt bekommen? Was erfüllt Sie mit Leidenschaft? Um Ihnen den Einstieg zu erleichtern, sind beispielhaft einige Fähigkeiten aufgeführt:

Ich hatte/habe die Fähigkeit,

- eine Ausbildung zu absolvieren.
- Körperkraft zu gewinnen.
- eine Wohnung zu beziehen und zu gestalten.
- Kinder zu bekommen und ins Leben zu begleiten.
- einem Beruf nachzugehen.
- den Haushalt zu führen.
- Tierliebe zu entwickeln.
- Pflanzen zu pflegen und mit meinem grünen Daumen zum Gedeihen zu bringen.
- rebellisch zu sein.
- Willen zu zeigen.
- mich für etwas zu begeistern: Malerei, Musik, Sport, Literatur, Schreiben, Autos.
- emotional und empathisch zu sein.

- mich selbst zu verwöhnen.
- etwas auszuhalten.
- etwas genau zu nehmen.

Diese Liste kann beliebig und individuell erweitert und verlängert werden. Probieren Sie es aus, schreiben Sie Ihre eigene Liste. Sicher entdecken Sie dabei Fähigkeiten an sich, an die Sie noch niemals einen Gedanken verschwendet haben. Wenn Ihre Liste geschrieben ist, sollten Sie für einen Moment auf Ihr Gefühl achten. Ist es nicht toll, sich seiner vielen Stärken bewusst zu werden?

Welche von Ihren Fähigkeiten können Sie nutzen, um Ihre Lebensbedingungen zu optimieren? Was davon hilft Ihnen, ein erfülltes Leben zu führen? Was führt Sie in eine glückliche Zukunft? Damit kommen wir zum nächsten Punkt.

Wohin gehe ich?

Zunächst scheint diese Frage einfach zu beantworten zu sein. Doch sie hat es in sich. Denn es geht um nichts weniger als um Ihre Zukunftsträume. Sie fragen sich: Was ist eigentlich mein Ziel? Was möchte ich in meinem Leben erfahren und erreichen? Wo möchte ich am Ende des Lebens stehen? Es ist möglich, die Zukunft aktiv zu gestalten – dieses Buch hilft Ihnen detailliert dabei. Sie müssen dazu – ganz trocken auf den Punkt gebracht – Ihre Lebensbedingungen optimieren und Ihre Kraft zielgerichtet einsetzen.

Schauen wir uns das Beispiel einer 36-jährigen Frau an, die unbedingt eigene Kinder wollte. Allmählich beschlich sie die Angst, nicht mehr genügend Zeit zu haben. Die Startbedingungen ihres Lebens beschrieb sie als »gemischt«, doch sie hatte viele Fähigkeiten und eine liebenswerte Art, sodass sie ihr Leben bisher gut meistern konnte. Nur in puncto Partnerwahl haperte es. Sie suchte sich stets Männer aus, mit denen an Familiengründung kaum zu denken war, da sie entweder alkoholabhängig oder unzuverlässig waren. Die Frau verpulverte ihre Kraft und Energie in dem Versuch, diese unglücklichen Bindungen vielleicht doch noch in verlässliche zu wenden. Eine Sisyphusarbeit. Als ihr deutlich wurde, wie wichtig ihr eigene Kinder sind und dass sie ihr Ziel so niemals erreichen würde, suchte sie mit professioneller Unterstützung einen Weg, die alten Konzepte loszulassen und sich eine bessere Ausgangsbasis zu erarbeiten.

Die Frau hatte trotz nicht allzu günstiger Startbedingungen viele wertvolle Fähigkeiten entwickelt, konnte ihre Kraft aber nicht zielgerichtet einsetzen. Erst die Klarheit, wohin sie eigentlich möchte und was sie dafür benötigt, machten ihr die nächsten Schritte auf dem Lebensweg deutlich. Wenig später lernte diese Frau tatsächlich einen verlässlich wirkenden Partner kennen. Sie kam strahlend in die Praxis und sagte: »Das fühlt sich richtig gut an. Ich habe gelernt, offener mit mir und meinen Wünschen umzugehen und fürsorglich auf mich selbst zu achten. Ein gutes Gefühl!« Wenn uns vom Verstand her deutlich wird und wir im Herzen spüren, wohin wir gehen möchten, stellt sich so ein gutes Gefühl ein: Wir fühlen uns ruhig und zuversichtlich.

Zufriedenheit und nachhaltiges Lebensglück fühlen sich stimmig an, sie passen zu uns – deshalb ist es ja auch möglich, sie zu erreichen. Dabei müssen wir nicht immer happy sein, auch Traurigkeit oder Wut können zeitweise stimmig sein. Die Stimmigkeit ist ein innerer Maßstab, der uns anzeigt, dass wir auf dem richtigen Weg zu einem nachhaltigen Lebensglück sind. Permanente Überanstrengung, das Gefühl, ausgelaugt zu sein, immer alles unter Kontrolle haben zu müssen, unentwegt zu müssen, zu sollen, nicht zu dürfen, all das kostet uns wertvolle Lebensenergie. Was uns für unser Leben an Energie zur Verfügung steht, können wir nur einmal aufbrauchen. Es liegt allein in unserer Hand, wofür wir es verwenden.

Die folgenden Fragen können für Sie eine Richtschnur sein, um Ihrem eigenen Lebensplan näherzukommen.

- Wie möchten Sie die folgenden Bereiche für sich gestalten?
  - Partnerschaft und Familie
  - Freundeskreis
  - Beruf
  - Finanzen
  - Gesellschaftliche Anerkennung
  - Gesellschaftliches Engagement
- Wofür schlägt Ihr Herz?
- Wie sehr haften Sie an den Startbedingungen, die Ihnen Ihre Kindheit bot? Wollen Sie diese immer noch ändern?
- Kennen Sie Ihre Fähigkeiten?
- Sorgen Sie gut für sich selbst?
- Was tun Sie für Ihre Kondition und Ihre Gesundheit, um ihr Ziel auch zu erreichen?
- Möchten Sie, dass Sie jemand begleitet, oder gehen Sie lieber allein durchs Leben?
- Wie gehen Sie mit Veränderungen von Lebensumständen um?
- Wodurch oder durch wen lassen Sie sich von Zielen abbringen?
- Wie lautet Ihr Lebensmotto?

Lassen Sie sich durch diese Fragen anregen, Klarheit in Ihr Wollen und Wünschen zu bringen. Formulieren Sie auch eigene Fragen, die Ihnen weiterhelfen. Nehmen Sie sich Zeit und denken Sie in Ruhe über Ihre Antworten nach.

Die Fragen dienen an dieser Stelle zunächst zur Orientierung, sie geben Ihnen erste Ideen für einen Lebensplan, den Sie in den folgenden Kapiteln weiterentwickeln und in Übungen und Checklisten konkretisieren können. Auf diese Weise überlassen Sie Ihr Leben nicht dem Zufall. In der Praxis erleben wir viele Menschen, die erst durch ein glückliches Ereignis (beispielsweise Verliebtheit) oder durch eine Katastrophe zum Nachdenken über ihre Lebensziele kommen. Wie sagt ein Sprichwort? »Wir lernen nur durch Schmerz oder durch Liebe.« Wir möchten hier behaupten, dass wir auch durch Nachdenken und Üben lernen können.

Die folgende Übung schärft Ihre Wahrnehmung für die innere Stimmigkeit. Diese Wahrnehmung zu trainieren ist unerlässlich, um ein nachhaltiges Lebensglück empfinden zu können.

Lauschen Sie Ihrem Herzen

Wir wissen, dass im hektischen Alltag häufig keine Zeit dafür ist, und dennoch möchten wir Ihnen raten: Nehmen Sie sich regelmäßig etwas Zeit, um in sich hineinzuhören! Lauschen Sie Ihrem Herzen! Fragen Sie sich dabei:

- In welchen Situationen (beispielsweise in der Natur, zu Hause, auf Reisen, im Konzert) fühle ich mich wohl und warum?
- Wovon hängt mein Selbstwertgefühl am meisten ab?

- Wann habe ich mich das letzte Mal intensiv mit meinem Körper befasst?
- Nehme ich die Signale meines Körpers, wie beispielsweise Schwierigkeiten beim Einschlafen, bewusst wahr?
- Wie lange dauert es im Urlaub, bis ich abschalten und mich entspannen kann?
- Fühle ich mich auch wohl, wenn ich einmal nichts zu tun habe?
- Kann ich genießen?
- Hänge ich der Vergangenheit nach? Befasse ich mich mit der Zukunft?
- Was war das Lebensziel meiner Eltern? Was ist mein Ziel?
- Vergegenwärtigen Sie sich Lebensverläufe in Ihrem persönlichen Umfeld und fragen Sie sich: Welche dieser Lebensverläufe dienen mir als Vorbild und warum?
- Brauche ich einen klaren Tagesablauf?
- Bin ich ein interessanter Gesprächspartner für Freunde und die Familie?
- Macht es mir Freude, Neues zu entdecken?
- Welche Themen beschäftigen mich zurzeit?

Alleine oder in der Gruppe

Zusammen ist man weniger allein hieß ein Kinofilm aus dem Jahr 2007. In der Handlung erfahren unterschiedliche Menschentypen mit sehr unterschiedlichen Lebensauffassungen letztendlich ihr Lebensglück, indem sie den passenden Deckel für ihren Topf, die passende Ergänzung für ihre spezielle Lebenssituation finden. Einer findet den geeigneten Geschäftspartner, der andere den passenden Lebenspartner, der Nächste den richtigen Partner für eine Wohngemeinschaft. Deutlich wird, dass sich die Anforderungen des Lebens zusammen besser bewerkstelligen lassen. Zumindest war das für die Menschen in diesem Film so. Wie es für Sie ist, das müssen Sie selbst herausfinden. Wir gehen davon aus, dass jeder Mensch für ein dauerhaftes Lebensglück in möglichst nachhaltigen Beziehungen jedweder Art leben sollte. »Beziehung« ist in diesem Kontext nicht auf Partnerschaft zu beschränken, es kann sich auch auf Freunde, Kollegen, Geschäftspartner, Vereinsmitglieder und so weiter beziehen. In diesem Kapitel werden wir Sie zum Nachdenken darüber anregen, ob Sie für ein nachhaltiges Lebensglück lieber als Einzelkämpfer, im Doppelpack oder in der Gruppe unterwegs sein möchten. Verschaffen Sie sich Klarheit über die verschiedenen Beziehungen, die Sie in Ihrem Alltag leben.

Starten wir mit dem Bild einer Wanderung. Wanderer sind häufig zu zweit oder in Gruppen unterwegs. Das hat zum einen den Vorteil, dass das Erlebnis des Wanderns geteilt, Proviant auf mehrere Rucksäcke verteilt werden kann und viele Augen einfach mehr sehen als zwei. Sollte sich einer verletzen, kann ein anderer Hilfe holen. Zudem ist es schön, sich gegenseitig zu ermutigen, das gesteckte Ziel zu erreichen, selbst wenn sich erste Erschöpfungszeichen zeigen. Sehr gefährliche Bergstrecken absolviert man in der Regel ohnehin zu zweit oder in einer größeren Seilschaft. Der Mount Everest wäre ohne eine Gemeinschaft nicht bezwingbar – es sei denn durch ganz wenige Ausnahmebergsteiger. Überall in unserem Leben bilden wir Gemeinschaften, um Dinge schneller organisieren und Ziele voranbringen zu können. Entsprechende Allianzen gibt es primär in der Familie, dabei auch unter Geschwistern, dann in der Schule, unter Vereinskameraden und Freunden oder bei der Arbeit. Fluggesellschaften bilden Allianzen, um ein breiteres Netz an Angeboten schaffen zu können. Der Preis einer Allianz ist allerdings ein gemeinsam festgelegter Handlungsrahmen, der nicht immer alle individuellen Wünsche berücksichtigen kann. Wenn die Wanderfreunde beschließen: »Wir starten um sechs Uhr früh«, muss sich auch Peter daran halten, der vielleicht lieber bis um sieben geschlafen hätte. Allianzen funktionieren nur im Rahmen eines für alle Beteiligten gültigen Wertesystems, der Einzelne kann sich nicht auf allen Ebenen so ausleben, wie er möchte, sondern muss einige seiner Bedürfnisse unter die Regeln der Gemeinschaft stellen. Dafür genießt er den Schutz und die Vorteile der Gruppe.

Um ein nachhaltiges Lebensglück zu finden, muss jeder individuell entscheiden, ob er die Vorzüge einer Gemeinschaft über seine individuellen Ziele stellen will. Beziehungen leben wir nicht nur im Familiären, sondern auf vielen Ebenen. Ein Leben als völlig eigenständiger Einsiedler ist kaum möglich. Nachfolgend haben wir Ihnen mögliche Ebenen von Beziehungen aufgelistet. Sicher finden Sie sich in der einen oder anderen wieder oder können weitere ergänzen.

Ebenen von Beziehungen:
- Hausgemeinschaft
- Klassengemeinschaft
- Schicksalsgemeinschaft
- Liebesbeziehung
- Ehe
- Arbeitsbündnisse
- Geschäftsbeziehung
- Freundschaft
- Gemeinschaft in Vereinen

- Familie
- Peergroups
- Internetgemeinschaften (Foren, virtuelle Welten)

Für Ihr nachhaltiges Lebensglück entscheiden Sie selbst, in welchen Gemeinschaften Sie Rückhalt und Anerkennung finden oder spezielle Fähigkeiten, beispielsweise in Hobbys, leben können. Eine Zweierbeziehung, eine Allianz, eine Gemeinschaft – jeder Zusammenschluss von Menschen funktioniert aber nur auf der Basis von Regeln, die für alle Beteiligten gelten. Werden sie von einem Partner nicht respektiert, ist der Gemeinschaft die Grundlage entzogen.

Gemeinschaftsorientierung durch Werte

Die Grundlage von Gemeinschaften wird durch Werte gebildet, die für jedes Mitglied bindend sind. Heutzutage ist es ein großes Ziel für viele, die bestmögliche individuelle Lebensform zu finden. Wir sprechen von Selbstverwirklichung und Selbstfindung. Im mittleren Europa sind uns die politischen, finanziellen und technischen Möglichkeiten gegeben, dieses Ziel auch zu erreichen. Ob uns dieser Weg letztlich auch Glück und Zufriedenheit beschert, wird sich in der Zukunft zeigen. Der Aufbau von virtuellen Welten, von Chatrooms und Austauschforen zeigt, dass die Gemeinschaft nach wie vor gesucht wird. Wir wollen von anderen gehört und gesehen, wahrgenommen werden. In einer Gemeinschaft erfahren wir Anerkennung, Orientierung und Schutz, aber auch Regeln und Begrenzungen.

Die Definition gemeinschaftlicher Werte und Normen unterliegt einem Wandel. Werte werden uns immer weniger von außen vorgegeben, sondern unterliegen immer mehr eigenen Maßstäben – wir können sie innerhalb eines bestimmten, heute sehr weit gefassten Rahmens selbst festlegen. Es lohnt daher sehr, sich folgende Fragen zu stellen: Woran orientieren Sie sich? Was ist für Sie wichtig? Damit Sie eine kurze Selbstanalyse Ihres Wertesystems durchführen können, haben wir die aus unserer Sicht wichtigsten Rubriken für Sie zusammengestellt. Es sind dies der Umgang mit sich selbst und der Umgang mit anderen.

Umgang mit sich selbst

Mit sich selbst gut umzugehen bedeutet, stets körperliches, seelisches und geistiges Wohlbefinden anzustreben. Dafür ist allem voran eine gute Balance zwischen Anstrengung und Entspannung notwendig. Beide Pole müssen im Leben Berücksichtigung finden, wenn wir nachhaltig glücklich sein wollen. Die Überbetonung einer Seite führt in der Regel zur Unzufriedenheit. Sie können die folgenden Begriffspaare durch weitere aus Ihrem Erleben ergänzen. So machen Sie sich intensiv mit diesen Polaritäten vertraut:

Disziplin	–	Freiheit
Körperliche Anstrengung	–	Entspannung
Geistige Schaffenskraft	–	Muße
Selbstwahrnehmung	–	Zerstreuung
Überforderung	–	Unterforderung

Umgang mit anderen

Sobald es um eine Beziehung oder das Erleben in Gruppen geht, treten wir in den Dialog mit einem Menschen, der sich von uns unterscheidet. »Behandelst du zwei Menschen gleich, behandelst du einen ungerecht«, heißt eine Lebensweisheit. In einem stimmigen Dialog geht es darum, das Gegenüber wertschätzend wahrzunehmen und zugleich die eigene Sichtweise zu formulieren.

Wertschätzung	–	Missachtung
Offenheit	–	Verschlossenheit
Dialog	–	Monolog
Selbstwahrnehmung	–	Fremdwahrnehmung
Geben	–	Nehmen
Gemeinsame Ziele	–	Selbstverwirklichung

Die Werte sind hier bewusst als Paare aufgeschrieben, um deutlich zu machen, dass wir uns auf einem Werte-Kontinuum befinden. Im Alltag bewegen wir uns immer irgendwo zwischen extremer Offenheit und strenger Verschlossenheit. Dabei ist eines deutlich: Extreme Ausprägungen von Eigenschaften werden uns im Leben eher Schwierigkeiten bereiten. Ein sinnvolles, ausgewogenes Maß in allem hilft uns, die meisten Lebenssituationen erfolgreich zu bestehen.
Die nächsten Kapitel sollen Ihnen helfen, Ihren eigenen Wertemaßstab zu definieren.

Hadern Sie nicht mit Ihrem Glück

Glücklich zu leben, das ist ein von fast jedem Menschen gewünschter Zustand, der aber immer wieder an die aktuelle Lebenssituation angepasst und neu hergestellt werden muss. Das heißt im Klartext: An dem Glück von morgen müssen wir heute arbeiten. Es ist nicht normal, dass es uns wie im Schlaraffenland in den Schoß fällt. Wir können Niederlagen, Unglücksfälle und Ungerechtigkeiten nicht aus unserem Lebenskonzept ausklammern, sondern nur versuchen, mit diesen Umständen so gut wie möglich umzugehen. Die supertolle Stelle mit den gigantischen Aufstiegsmöglichkeiten kann sich in fünf Jahren als Zwickmühle herausstellen, wenn die Firma beispielsweise von einer anderen übernommen wird. Die mit den besten Vorsätzen eingegangene Ehe kann sich so entwickeln, dass es trotz beiderseitigen Bemühens in zehn Jahren zur Trennung kommt. Eine Klientin sagte recht resigniert im ersten Gespräch bei uns: »In meinem Leben ist alles anders gelaufen, als ich es mir vorgestellt habe. Ich habe mich immer so sehr angestrengt – und was habe ich nun davon? Mein ganzer Körper schmerzt, und die Ärzte können mir auch nicht helfen.« In diesen Worten sind drei wichtige, für viele Menschen typische Aussagen enthalten, die wir für überdenkenswert halten. Schauen wir sie uns also im Einzelnen an.

Aussage 1:
»Es ist alles anders gelaufen, als ich es mir vorgestellt habe.«

Viele Menschen machen ihr Lebensglück von der Erfüllung eines starren Zielsystems abhängig, nach dem Motto: »Ich kann nur glücklich sein, wenn ich verheiratet bin und zwei Kinder habe.« Oder: »Ich kann nur glücklich sein, wenn ich mehr verdiene als mein Bruder.« Keine Frage, es ist sicherlich richtig, sich Ziele zu stecken und zu versuchen, sie auch zu erreichen. Allerdings ist es dabei sehr wichtig, dass es auch wirklich die eigenen Ziele sind und wir nicht Zielen hinterherlaufen, die uns die Werbung oder das persönliche Umfeld einreden.

Die Erreichbarkeit von Zielen ist ein weiterer wesentlicher Punkt. Sind die äußeren Umstände so gelagert, dass Ihre Ziele nicht oder nur mit der allergrößten Anstrengung zu verwirklichen sind, dann sollten Sie zwischendurch innehalten und Ihre Ziele ernsthaft überdenken. Vielleicht haben Sie Ihre Messlatte zu hoch angesetzt, vielleicht gab es auch zwingende Faktoren in Ihrem Umfeld, die Sie bislang nicht dort ankommen ließen, wo Sie hinwollen. Das einzusehen macht nicht unbedingt Spaß, es stimmt jeden Menschen zunächst traurig, vielleicht wütend, möglicherweise auch resigniert. Aber es ist wichtig für alles Weitere.

Vielleicht sind Sie auch jemand, der schnell neidisch auf andere wird und sich denkt: »Meine Nachbarin hat es besser, sie muss nur halb so viel arbeiten wie ich.« Hinter Neidgefühlen aber steckt fast immer die innere Überzeugung, im Leben selbst zu kurz gekommen zu sein. Wenn Sie in dieser Überzeugung verharren, werden Sie allerdings viele Dinge, die Ihnen gut gelingen, gar nicht sehen können. Die positiven Ereignisse oder Menschen, die Ihr Leben begleiten, werden aus Ihrem Blickwinkel verschwinden. Nach und nach erleben Sie die Welt als feindlich. Damit verschwinden aber auch Ihr Mut und Ihr Wille, sich dem Leben zu stellen.

Eine mögliche Folge kann sein, dass Ihr Körper zu reagieren anfängt. Eine Erkrankung hat dann vielleicht sogar Vorteile, da Sie sich nicht mehr anstrengen müssen und das Medizinsystem für Sie Sorge tragen muss. Allerdings ändert dies alles nichts an Ihrer inneren Einstellung: »Ich bin im Leben zu kurz gekommen.« Am Ende bleibt das Gefühl, im Leben trotz aller Anstrengung nichts erreicht zu haben und obendrein noch krank geworden zu sein. Und insgeheim denken Menschen, die in eine solche Negativspirale geraten sind, auch noch: »Die anderen haben auch Schuld daran.« In letzter Konsequenz wollen sie sich dann vielleicht an den anderen rächen, indem sie nur noch nörgeln oder zanken.

Der einzige Weg heraus aus dieser Sackgasse ist eine flexible Anpassung der eigenen Lebensziele und eine Erweiterung des Blickwinkels. Die Vergangenheit können wir nicht mehr ändern, aber wir können die Zukunft aktiv gestalten – und ihr ein schöneres Gesicht geben. Wenn Sie sich in der Beschreibung ein kleines bisschen wiedererkannt haben, sollten Sie Ihre innere Einstellung verändern und sich nicht zum Unglücksraben abstempeln. Wenden Sie Ihren Blick auf Ihre Fähigkeiten und auf das, was Sie bereits alles erreicht haben. Gehen Sie mit einem Lächeln und nicht mit Kritik oder einem mürrischen Blick auf andere Menschen zu. Halten Sie sich mit Schuldzuweisungen zurück. Sie machen es sich leichter, wenn Sie nicht auf einer ausgleichenden Gerechtigkeit bestehen. Schauen Sie auf sich. Beobachten Sie genau Ihre inneren Überzeugungen – die, die Sie nicht zum Glück führen, sollten Sie über Bord werfen und durch stimmigere ersetzen. Entdecken Sie die Schönheiten Ihres Lebens. Gehen Sie Interessen nach, die Sie bislang zu kurz kommen ließen, und genießen Sie die kleinen Freuden des Alltags. Und was

Ihre hehren Ziele betrifft: Setzen Sie sich neue – und vor allem erreichbare Ziele. Damit ist eine gesunde Motivation vorprogrammiert.

Aussage 2:
»Ich habe mich immer so sehr angestrengt.«

Hinter dieser Aussage steckt eine verborgene Forderung: »Weil ich mich immer so angestrengt habe, muss ich auch belohnt werden.« Das klingt nach der Idee, sich das Lebensglück erarbeiten zu können. Aber dahinter verbirgt sich auch eine heute weitverbreitete innere Haltung: »Anstrengung ist eine moralisch höherwertige Eigenschaft als ›Faulenzerei‹, also habe ich mir gegenüber anderen einen Bonus verdient, und den möchte ich jetzt endlich ausgezahlt bekommen.« Menschen, die so denken, lassen häufig den Konsum zum Glücksersatz werden, da die Ergebnisse einer Shoppingtour gleich sichtbar sind. Die einem vermeintlich zustehende Belohnung hängt sofort im Kleiderschrank oder parkt vor der Haustür. Äußerungen wie: »Das steht mir zu«, sind Ausdruck dieses kurzfristigen Berauschens.

Dieses Glückskonzept geht in der Regel nicht auf, sondern endet in Frustration und Erschöpfung. Niemand kann sich sein Lebensglück durch Anstrengung sichern. Anstrengung ist zugegebenermaßen im Leben notwendig, Muße, Besinnung und Ruhezeiten gehören aber ebenso dazu. Nachhaltig glücklich können Sie nur werden, wenn Sie gut mit Ihren eigenen Ressourcen haushalten und nicht dem inneren Trugschluss verfallen, dass Sie jemals durch eine übermäßige Anstrengung Anerkennung oder Zufriedenheit erlangen. Wenn Sie sich anstrengen, tun Sie es mit Freude und damit mit der hohen Wahrscheinlichkeit, dass Ihr Vorhaben auch funktionieren wird. Doch planen Sie immer auch die Möglichkeit mit ein, dass manchmal nicht die Anstrengung, sondern die Geduld das Mittel der Wahl ist, um zum Ziel zu kommen. Zwischendurch dürfen Sie sich beim Faulenzen entspannen oder sich beim Feiern mit Freunden und der Familie freuen.

Aussage 3:
»Mein ganzer Körper schmerzt, und die Ärzte können mir auch nicht helfen.«

Auf der Jagd nach dem Lebensglück überhören einige Menschen die Signale ihres Körpers, die leise beginnen können. Es sind die Rückenverspannungen, die schlaflosen Nächte oder die Magenschmerzen, die darauf hindeuten können, dass man sich zu viel zumutet. In der Regel führen diese Beschwerden zum Hausarzt, der Blut abnimmt, Untersuchungen durchführt und eventuell Medikamente verschreibt. Dies mag auch vorübergehend zur Linderung führen, jedoch wird der Körper sich bei weiterer Überforderung erneut melden. Und die Symptome werden sich verschlimmern, wenn nicht grundsätzlich etwas am Lebensstil geändert wird. Irgendwann führen die Rückenschmerzen zu einem Bandscheibenvorfall oder die Magenschmerzen werden zu einem Magengeschwür.

Gehen Sie behutsam mit Ihren Energien um und denken Sie daran, dass Sie noch viele Jahre oder Jahrzehnte glücklich leben wollen. Entwickeln Sie ein Gehör für die Signale Ihres Körpers und nehmen Sie seine Zeichen als Hinweise, am aktuellen Pensum von Anstrengungen etwas zu ändern. Viele führen an dieser Stelle das Argument an, dass sie nichts ändern können, denn sie haben nun mal so viel zu tun, alles sei so enorm wichtig. Die Arbeit muss sein, die Fortbildungen, die Ballettschule für die Kinder, der Turnverein, die Pflege der Eltern und das perfekt geputzte Haus. Wenn ein solches

Leistungsspektrum zusammengezählt wird, müsste der Tag weit mehr als 24 Stunden haben. Sich so zu hetzen, das führt natürlich nicht zu einem dauerhaften Lebensglück. In einem solchen Fall ist dringend zu raten, all die Aktivitäten genau unter die Lupe zu nehmen. Nicht alles muss gleichzeitig gemacht werden. Es ist wichtig, die Prioritäten im Abgleich mit den momentanen Lebensumständen immer wieder neu zu definieren. Natürlich ist es gut, Leistungen zu erbringen und sich am Erreichten zu freuen – aber nicht zum Preis der körperlichen Überforderung oder eines Burnouts.

Zusammenfassend sind die wichtigsten Punkte für ein nachhaltiges Lebensglück hier noch einmal aufgelistet:

- Glücklich zu sein ist ein Zustand, der immer wieder an die Lebenssituation angepasst und neu hergestellt werden muss. Er erfordert einen Lebensplan mit flexibler Zielsetzung, Ziele müssen erreichbar sein und bei Bedarf oder einer Veränderung der Umstände immer wieder geprüft und gegebenenfalls angepasst werden.
- Anstrengung und Disziplin sind wichtige Tugenden, um ein Lebensziel erreichen zu können. Doch gleichermaßen sind Entspannungsphasen, Freude, Kontakte und spielerische Elemente notwendig, auch um dauerhaft die Energie für die Anstrengung in unserer Batterie haben zu können. Das eine funktioniert nicht ohne das andere.
- Ein gutes Gespür für die Signale des Körpers ist unumgänglich, um den individuellen Leistungspegel kennenlernen und im Auge behalten zu können. Überforderung und Dauerstress führen meistens zu einer Reaktion und eventuell sogar Krankheit des Körpers. Daher der Rat: Gehen Sie pfleglich mit sich um.

Eine Geschichte zum Nachdenken

Stellen Sie sich Folgendes vor: Sie laufen durch den Wald und treffen auf einen Mann, der fieberhaft daran arbeitet, einen Baum umzusägen.

»Was machen Sie denn da?«, fragen Sie.

»Das sehen Sie doch«, antwortet der Mann ungeduldig. »Ich säge an diesem Baum.«

»Sie sehen erschöpft aus. Wie lange sind Sie denn schon zugange?«

»Über fünf Stunden«, sagt er. »Ich bin total erschöpft. Das ist harte Arbeit.«

»Warum machen Sie dann nicht ein paar Minuten Pause und schärfen die Säge? Ich bin sicher, dass es dann viel schneller ginge.«

»Ich habe keine Zeit, die Säge zu schärfen«, sagt der Mann. »Ich muss weitersägen.«

Nachhaltigkeit erreichen wir nur, indem wir uns immer wieder Zeit nehmen, »unsere Säge zu schärfen«. Wir müssen die Werkzeuge, die sich für uns bewährt haben, gut pflegen und kontinuierlich nutzen. Das ist zunächst all das, was unser Körper braucht: Ruhe, Bewegung und Nahrung. Das sind aber auch die vielen individuell unterschiedlichen Dinge, die einem Menschen helfen aufzutanken. Auch spezielle Übungen, wie wir sie Ihnen in diesem Buch vorstellen, können dazu gehören. Jeder sollte regelmäßig Pausen machen und sich mit den Dingen beschäftigen, die es ihm ermöglichen, an seinem Lebensglück zu arbeiten.

Stephen R. Covey hat einmal gesagt, dass die größte Einzelinvestition, die wir in unserem Leben vornehmen können, die Investition in uns selbst ist. Dazu ist vor allem eines nötig: Wir müssen uns ausreichend Zeit dafür nehmen.

Erster Teil

Das Ziel: Nachhaltiges Lebensglück

»Wir können unser Leben nur rückwärts verstehen und vorwärts leben.«
Søren Kierkegaard

Der Tafelberg – das Modell für nachhaltiges Lebensglück

Veränderungen im Leben – Krise und Chance zugleich

Mit der Geburt betreten wir einen Lebensraum, der, wie wir selbst auch, ständigen Veränderungen unterworfen ist. Als Kleinkind sind wir zunächst vollständig von unseren Eltern oder anderen Bezugspersonen abhängig. Später als Kind werden wir uns ganz allmählich unserer selbst bewusst. Die Pubertät lässt uns dann unseren Körper, unsere Sexualität erkennen, und wir wachsen in die Erwachsenenwelt hinein, mit deren Gesetzen und Anforderungen wir uns intensiv auseinandersetzen müssen. Die Schule und Ausbildungszentren lassen uns Wissen und Fertigkeiten anhäufen. Haben wir diese Phase absolviert, nehmen wir die Herausforderungen des Berufslebens an. Die eigene Persönlichkeit entwickelt sich und wir genießen die erreichte Eigenständigkeit. In vielen Fällen wollen in dieser Phase aber auch Familiengründung und Elterndasein gemeistert werden. Über eine lange Zeit hinweg scheint alles konsolidiert, es gibt vielleicht ein tägliches Auf und Ab – und dann werden wir mit der Sinnkrise der Lebensmitte und der Wechseljahre konfrontiert. Der Ruhestand fordert noch etwas später wieder eine grundsätzliche Umgestaltung des Lebens, und das Alter führt uns neben den Freuden des Daseins als Großeltern auch in die Auseinandersetzung mit der Sterblichkeit und in die Vorbereitung auf den Tod.

Jeder neue Lebensabschnitt, jeder Übergang, jeder Einschnitt bringt Chancen und Risiken mit sich, wie es sehr anschaulich in der chinesischen Sprache deutlich wird. Auch Richard von Weizsäcker sagte einmal: »Wir sollten von den Chinesen lernen – die haben das gleiche Schriftzeichen für Krise und Chance.« Tatsächlich ist es so, dass in den beiden chinesischen Worten für Krise und Chance jeweils das identische Schriftzeichen verwendet wird. Das kommt nicht von ungefähr, bietet doch eine Krise – nach chinesischem ebenso wie nach buddhistischem Verständnis – immer auch die Chance zu einem Neubeginn, einem neuen Anfang mit neuen Zielen.

危機	機會
Krise (weiji)	Chance (jihui)

Die chinesischen Schriftzeichen für Krise (weiji) und Chance (jihui).

Das Zeichen 機 (ji) kommt in beiden Worten vor und drückt die Verbindung von Chance und Risiko in einer Krise, einer Umbruchsituation sprachlich eindrucksvoll aus. Dahinter verbirgt sich auch eine Geisteshaltung, die wir von den Chinesen lernen könnten.

Das heißt aber nicht, dass wir – wie in manchen Managerseminaren vermittelt – in Krisensituationen die rosarote Brille aufsetzen und uns krampfhaft auf die Chancen fokussieren sollten. Mit der rosaroten Brille übersehen wir nämlich leicht Stolpersteine, die besser zu beachten wären. Das Ge-

genstück zur rosaroten Brille, die Finsternisbrille, ist für uns aber auch nicht hilfreich. In unserer Gesellschaft werden häufig, gerade bei den Übergängen zwischen Lebensabschnitten, die Risiken überbetont. Wir haben zu oft die Finsternisbrille auf, wenn wir vor solchen Veränderungen stehen. Wie wir im Kapitel *Freier Blick mit weitem Sichtfeld* im dritten Teil dieses Buches noch detailliert ausführen werden, geht es vielmehr darum, dass wir uns die Realität ansehen. Das heißt aber auch, dass wir uns nicht von unserem Umfeld und den Medien einreden lassen dürfen, dass ewige Jugend und ununterbrochene Leistungsfähigkeit, grenzenloser Aufstieg und Erfolg das Ziel eines glücklichen Lebens sind. Ein Zitat aus einem Aufsatzwettbewerb macht dies auf drastische Art deutlich. Zum Thema Eltern schrieb ein 17-Jähriger: »Ein dickes Bankkonto, zwei Autos, ein Landhaus und eine Yacht … Mein Vater ist die Leiter des Erfolges hochgeklettert und musste erkennen, dass sie nirgendwohin führt – man muss nur immer weiterklettern. Jetzt, mit 59 Jahren, bekommt er Angst. Er leidet unter Depressionen und sein Alter macht sich bemerkbar. Auf dem Gipfelpunkt des Ruhmes ist er ein gebeugter, verbrauchter Mann. Ich will nicht so werden wie mein Vater.«

Leistung ist nicht alles

Die Glücksbalance, die wir im nächsten Kapitel vorstellen, zeigt, dass wir unsere Selbstbestätigung und damit auch unsere Glücksgefühle nicht nur aus dem Bereich Leistung und Arbeit ziehen sollten. Offensichtlich hat dies auch der 17-Jährige durch das abschreckende Beispiel seines Vaters erkannt.

Viele Menschen, die sich in die Arbeit stürzen und ihre gesamte Selbstbestätigung aus diesem Lebensbereich beziehen, vergessen vor lauter Karriereplanung ihre eigentliche Lebensplanung. Aber auch Hausfrauen, die ihren Selbstwert fast ausschließlich aus der Erziehung der Kinder ziehen, vernachlässigen einen Teil ihrer Lebensplanung.

In den verschiedenen Lebensphasen kann sich die Gewichtung von Lebensinhalten grundlegend verändern. Der Stellenwert der Arbeit ist in der Jugend und im Alter am geringsten, für die mittlere Generation aber haben Arbeit und Leistung die höchste Bedeutung. Im harten Managerbusiness werden feindliche Übernahmen geplant, Verhandlungsergebnisse durchgefochten, Low- und High-Performer klassifiziert und Headhunter angeheuert. Allein diese Sprache zeigt das grundlegende Denken hier, den Druck und den permanenten Kampf in der Führungsriege an. Viele Manager sind in der Lage, beruflich die meisten Schwierigkeiten zu meistern und Hindernisse aus dem Weg zu räumen, versäumen dabei aber, sich in anderen Lebensbereichen weiterzuentwickeln. Im Leben entfernen sie sich dann nicht selten von ihrer Familie oder ihren Freunden. In der Praxis sehen wir dann am Ende eines solchen Karriereweges den Absturz in ein Loch. Dieses Loch steht dabei symbolisch für Einsamkeit, Burnout, Herzinfarkt, vorzeitigen Tod – und die Abwesenheit von Glück.

Wir sind uns bewusst, dass heute überall im Leben Leistung von uns gefordert wird, sei es im Beruf, im Alltag, bei der Kindererziehung oder in der Freizeit. Nicht immer wird die Anstrengung vom Erfolg gekrönt, sodass es zu Frustrationen kommen kann. Daher werden wir Sie in diesem Buch immer wieder dazu ermuntern, zur Leistung auch einmal Nein zu sagen, Ihre Belastungsgrenzen abzustecken, nicht für alles Verantwortung zu übernehmen. Denn wie viel schö-

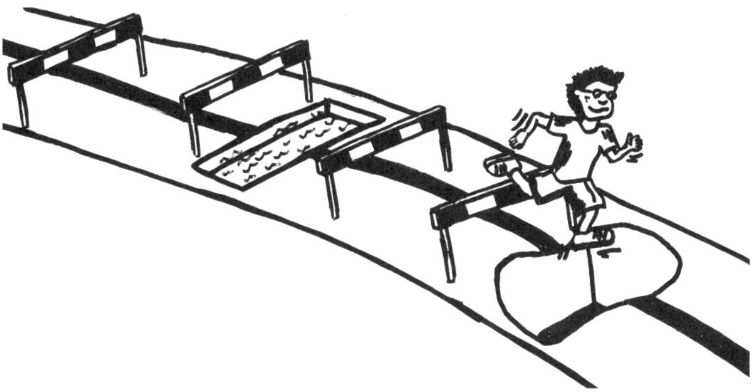

Vor lauter Karriereplanung vergessen wir manchmal die Lebensplanung: wir meistern alle Hindernisse und stürzen am Ende dennoch in ein tiefes Loch, weil wir nur auf die kurzfristigen Herausforderungen geachet haben und nicht die Gesamtstrecke im Blick hatten.

ner kann es sein, stattdessen die eigene Lebendigkeit zu entdecken?

Wenn nun das Bankkonto, die Automarke, die perfekten Kinder oder die Karriere nicht das eigentliche Ziel sind, wenn wir die externen Einflüsse und Schicksalsschläge in unserem Leben nicht einfach abwehren oder durch gefärbte Brillen und Filter dauerhaft ausblenden, umfärben oder verdrängen können – was dann? Dann brauchen wir ein offeneres Modell, um zu einem nachhaltig glücklichen Leben zu kommen. Für uns ist dieses Modell das des *Tafelbergs der Lebensziele*.

Der Tafelberg als Modell – guter Aufstieg, gute Rückkehr

Der Tafelberg in Kapstadt ist eines der Wahrzeichen von Südafrika. Seine Silhouette erinnert unserer Auffassung nach an den typischen, modellhaften Verlauf der Lebensziele eines geglückten Lebens: ein langsamer Aufstieg, ein langer Aufenthalt auf dem Gipfel und dann ein sanfter Abstieg. Deshalb haben wir unser Modell nach dem Tafelberg benannt. Unsere Ausführungen dazu sind keine wissenschaftliche Abhandlung, uns kommt es nicht auf die entsprechende Genauigkeit an, wir wollen Ihnen vielmehr ein anschauliches Modell liefern, das Sie zu Ihrem Glück führen kann, so wie es auch bei unseren zahlreichen Klienten funktioniert hat. Der modellhafte Verlauf soll dabei als Orientierung dienen, denn natürlich verläuft kaum ein Lebenslauf glatt und ohne Schwankungen.

Stellen Sie sich vor, Ihr Lebensweg wäre eine Bergtour, auf die Sie sich wie ein Bergsteiger vorbereiten. Der Sportsfreund hat natürlich den Gipfel als Ziel vor Augen. Dieser Gipfel motiviert ihn und lässt ihn seine Kräfte mobilisieren. Als Visualisierer sieht er sich vor seinem geistigen Auge bereits auf dem Gipfel stehen, die grandiose Aussicht genießen und den Eintrag ins Gipfelbuch vornehmen. Das ist es, was wir in den üblichen Managerseminaren vermittelt bekommen: »Habe ein Ziel.« – »Nutze deine Werkzeuge, um zum Gipfel zu gelangen.« – »Lass dich durch Rückschläge nicht demoralisieren.« So weit, so gut. Aber was kommt dann? Wenn wir den Aufstieg trotz aller Schwierigkeiten geschafft haben? Vielleicht haben wir den Aufstieg sogar unter Berücksichtigung einer ausgeglichenen Work-Life-Balance geschafft, was an sich schon eine große Herausforderung ist – denn wer schafft es heute schon, Arbeit und Privatleben reibungslos miteinander in Einklang zu bringen? Was erwartet uns auf dem Gipfel? Ist es auf dem Gipfel nach dem grandiosen Ausblick nicht auch ein wenig einsam?

Gute Bergsteiger planen neben dem Aufstieg zum Gipfel auch den Aufenthalt dort oben und – was mindestens genauso wichtig ist – den sicheren Abstieg. Der erfahrene

Bergsteiger lässt sich von den möglichen Schwierigkeiten des Abstiegs nicht überraschen. Er plant die Rückkehr vorausschauend und teilt seine Kräfte entsprechend ein. So sollten auch wir bei unserer Bergtour *Leben* vorgehen. Dann behalten wir auch im Hinterkopf, dass wir nicht bereits alle Reserven bis zum Erreichen des Gipfels verbraucht haben sollten.

Persönlicher Lebensplan

Während des Aufstiegs in unserem Leben setzen wir uns in der Regel immer höhere Ziele. Das ist auch in Ordnung. Es motiviert uns, treibt uns voran, gibt uns Kraft und Durchhaltevermögen. Die größten Glücksgefühle erhalten wir immer dann, wenn wir die von uns selbst gesteckten Ziele erreichen oder sogar übertreffen. Dabei sollten wir aber immer wieder unsere Vorhaben kritisch untersuchen und prüfen, ob wir nicht möglicherweise nur Zielen, die uns von unserer Gesellschaft als erstrebenswert suggeriert werden, hinterherrennen. Das kann nicht wirklich zu unserem persönlichen und nachhaltigen Glück führen. Stattdessen verbraucht es sinnlos Energie.

Erreichen wir unsere Ziele, gibt uns das eine nachhaltige Selbstbestätigung und es kann sich ein ehrliches Glücksgefühl einstellen. Das setzt aber voraus, dass wir unsere Ziele richtig setzen. Ist das Ziel nicht wirklich herausfordernd, dann verlieren wir schnell die Lust, das Erreichen solcher Ziele gibt uns überdies nicht wirklich ein gutes Gefühl. Sind die Ziele auf der anderen Seite unerreichbar, dann macht sich auch Frustration breit. Wir müssen uns also die für uns persönlich richtigen Ziele gemäß unserer Persönlichkeitsstruktur und unseren Fähigkeiten setzen.

Dauerhaftes Glück lässt sich nur erreichen, wenn die Erwartungen realistisch bleiben. Dabei kommt es nicht auf die absolute Höhe des Gipfels an, den wir in unserem Leben erklimmen, sondern darauf, dass er für uns – wenn auch herausfordernd – erreichbar ist. Es sind nicht nur die Menschen glücklich, die die höchsten Ziele erreichen, wie uns das Beispiel des armen Fischers gezeigt hat. So lässt sich auch erklären, dass Menschen in schwierigen Lebenssituationen glücklicher sein können als solche, denen es eigentlich an nichts fehlt. Die absolute Höhe unserer Ziele – unseres Gipfels – ist also nicht ausschlaggebend für unser Glück und unsere Zufriedenheit. Es sind die selbsterwarteten Resultate, das heißt die Ziele, die wir uns selbst stecken, und die Ergebnisse, die wir von uns erwarten, die eine hohe Bedeutung für unser persönliches Wohlbefinden und damit für unser Glück haben.

Der modellhafte Verlauf der selbsterwarteten Resultate vor der Silhouette des Tafelberges

Die drei Reifegrade des Lebens

Wir haben den modellhaften Lebenslauf mit seinen selbstgestecken Zielen analog einer Bergtour in drei Phasen unterteilt. Wir bezeichnen diese drei Phasen als die verschiedenen *Reifegrade des Lebens*. Diese drei Phasen lassen sich nicht mit exakten Altersangaben abgrenzen. Das Alter ist immer eine relative Sache. Die meisten Leute fühlen sich jünger, als ihre Jahreszahlen eigentlich angeben. Ist das eine richtige Einschätzung ihrer Vitalität oder verdrängen sie die Realität? Sind wir heute tatsächlich vitaler? Man kann allerdings auch schon mit 40 Jahren sehr alt sein, wenn man die Freude am Leben verloren hat. Das meint auch der Arzt und Afrikaforscher Albert Schweitzer in einem Text zum Thema *Jugend und Alter*. Er schreibt: »Jugend ist nicht ein Lebensabschnitt, sie ist ein Geisteszustand. Sie ist Schwung des Willens, Regsamkeit der Fantasie, Stärke der Gefühle, Sieg des Mutes über Feigheit, Triumph der Abenteuerlust über die Trägheit.«

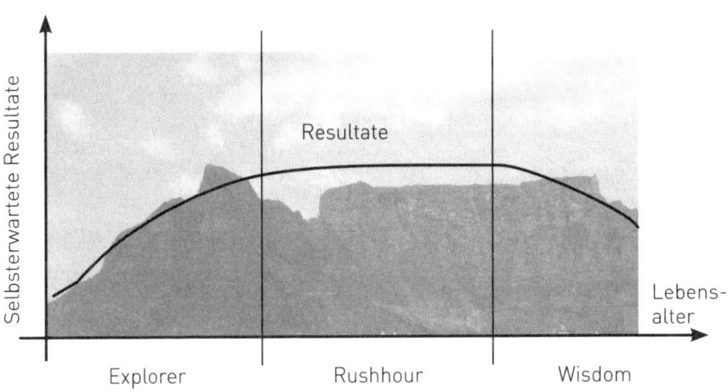

Die drei Phasen des Tafelberges der Lebensziele

Die drei Phasen, die wir im Folgenden beschreiben, stehen für Reifegrade. Sie sollen also nicht in erster Linie mit Altersangaben verknüpft sein, sondern eher Lebenseinstellungen veranschaulichen. Damit Sie dennoch eine grobe Orientierung haben: Der Übergang von Phase 1 in Phase 2 findet in der Regel im Alter zwischen 25 und 35 statt. Der Übergang von Phase 2 in Phase 3 liegt meist im Alter zwischen 45 und 55.

Erster Reifegrad – Explorer-Phase

In der ersten Phase, der von uns sogenannten Explorer-Phase, sind wir auf Entdeckungstour. Wir sind neugierig und motiviert. Wir sammeln Erfahrungen, bilden uns eine Meinung und suchen unseren Standpunkt im Leben. Dabei säen wir auch den Samen für unseren Beruf, unsere Berufung und private Bindungen. Wir erarbeiten uns unsere Autonomie und unsere individuelle Identifikation. In dieser Phase verlassen wir unsere Kindheit und Jugend, in denen wir hauptsächlich durch Erziehung und Schule von außen beeinflusst werden. Unsere Eltern, Lehrer und andere Bezugspersonen planen in der Phase der Kindheit und Jugend für uns und übernehmen auch die Verantwortung. In der Explorer-Phase übernehmen wir erstmals Eigenverantwortung. Wir beginnen, unser eigenes Handeln stärker zu planen und setzen individuelle Schwerpunkte. Mit Beginn der Explorer-Phase treten wir von der eher unbewussten Phase unserer Kindheit und Jugend in eine bewusste und selbstbestimmte Phase ein. In dieser Zeit scheinen die meisten von uns unbändige Kräfte zu haben. Wir wollen uns immer wieder mit anderen vergleichen und messen.

Während der Explorer-Phase machen wir uns mit den verschiedenen Lebensrollen vertraut, der Rolle als Student, als Mitarbeiter, als Lebenspartner, als Vereinsfunktionär, Elternteil, Freund usw. Wir verwenden für diese verschiedenen Rollen auch gern den Begriff »Lebensmäntel«. Es ist uns in der Explorer-Phase möglich, verschiedene dieser Lebensmäntel anzufassen, zu betrachten und sogar probeweise hineinzuschlüpfen. In diesem Prozess ist es enorm wichtig, auf die Passform und Bequemlichkeit dieser Mäntel zu achten. Nur so können wir herausfinden, wie der für uns maßgeschneiderte Mantel aussehen müsste, in dem wir uns rundum wohlfühlen könnten.

In der Explorer-Phase, die Selbstentdeckung und Rollenfindung beinhaltet und mit einem hohen Energieumsatz einhergeht, dürfen wir nicht vergessen, das Leben zu genießen. Außerdem sollten wir uns auch in dieser frühen Lebensphase bereits über die beiden folgenden Phasen, *Rushhour* und *Wisdom*, im Klaren sein, damit wir uns darauf einstellen und vorbereiten können.

Zweiter Reifegrad – Rushhour-Phase

In der zweiten Phase, der Rushhour-Phase, versuchen wir, allen Anforderungen in Beruf und Familie gerecht zu werden. Es wird voller Einsatz verlangt, gleichzeitig wollen wir Spitzenmitarbeiter, fürsorgliche Partner, Mütter oder Väter sein. In der Rushhour des Lebens drängt sich alles zusammen: Familiengründung, Kinderbetreuung, Karriere, häufig auch Erwerb eines Eigenheims mit entsprechenden finanziellen Belastungen und die Sorge um die alt gewordenen Eltern. Das Problem in dieser Lebensphase ist, dass wir versuchen, eigentlich Unvereinbares doch zu vereinen. Speziell dann, wenn wir unsere Ziele zu hoch und damit unerreichbar ansetzen. Meistens setzen wir uns auch zu viele Ziele, die wir alle gleichzeitig verfolgen wollen. Wenn das nicht klappt, hilft nur Selbstbeschränkung und Konzentration auf die wirklich wesentlichen Dinge. In der Explorer-Phase können wir uns noch alle Türen offen halten, wir können mit Freuden entdecken und ausprobieren. Mit dem Erreichen des zweiten Reifegrades ist es sinnvoll, dass wir auch Türen wieder zumachen und uns selbst begrenzen.

In dieser Phase ist es uns möglich, in die Tiefe zu gehen und unseren eigenen Standpunkt auszubauen. Wir sollten die richtigen Lebensmäntel inzwischen gefunden haben, die uns in den verschiedenen Situationen kleiden, wärmen und schützen. Einige haben wir bis dahin schon abgelegt oder sogar zur Altkleidersammlung gegeben. Andere Lebensmäntel haben wir zur besonderen Nutzung – für besondere Momente des Lebens – in unserem Kleiderschrank aufbewahrt. Wichtig ist vor allem, dass wir nicht zu viele Mäntel auf einmal tragen. Denn dann werden wir unbeweglich. Die Mäntel hemmen uns dann in unserer Entfaltung und machen uns das Erreichen unserer selbstgesteckten Ziele unmöglich. Lassen Sie sich bloß keine Lebensmäntel von anderen überziehen oder aufschwatzen. Auch Mäntel brauchen eine regelmäßige Überprüfung: Passen sie noch? Kleiden sie uns noch? Werden sie noch gebraucht? Oder können sie jetzt weggehängt oder sogar weggeworfen werden?

Im zweiten Reifegrad können wir Wurzeln schlagen, damit wir in dieser eher hektischen Phase unseres Lebens nicht aus der Bahn geworfen werden. Wir bekommen immer stärkere Konturen und lernen unsere Probleme zu bewältigen und Korrekturen – soweit erforderlich – durchzuführen. Es gilt in dieser Phase vermehrt, auf unsere Gesundheit und unsere körperlichen Reserven zu achten sowie unsere Beziehungen zu pflegen. Auf der Basis des bis dahin aufgebauten Selbstbewusstseins können wir jetzt mehr Gefühle zeigen und auch mal Fehler zugeben.

Speziell in dieser Lebensphase ist es wichtig, in der Gegenwart zu leben und das Leben zu genießen. Suchen Sie Ihr Glück nicht nur in der Zukunft, sondern jetzt! In diesem Lebensabschnitt gilt es außerdem, sich aktiv auf den dritten Reifegrad des Lebens vorzubereiten, den wir als die Wisdom-Phase bezeichnen.

Dritter Reifegrad – Wisdom-Phase

Mit der dritten Phase, der Wisdom-Phase oder Phase der Weisheit, beginnt in unserem Leben ein häufig vergessener oder auch verdrängter Lebensabschnitt, der unser Dasein hier aber erst zu einer insgesamt glücklichen Tour des Lebens, zu einem vollendeten Leben macht. Wie bei einer Bergtour gehört die Planung der sicheren Rückkehr als Hauptbestandteil mit dazu, ohne sie wird der Genuss der gesamten Tour in Gefahr gebracht. In dieser Phase kommt es darauf an, sich mit seinen abnehmenden Kräften auf die wesentlichen Dinge des Lebens zu konzentrieren. Selbstbegrenzung und Konzentration spielen jetzt eine immer größere Rolle. Dazu müssen weitere Lebensmäntel abgelegt oder auch rechtzeitig weitergegeben werden, beispielsweise die Führungsrolle im Beruf oder die als Familienoberhaupt.

Die Ziele, die wir uns in diesem Lebensabschnitt setzen, sollten sich nach unseren Energiereserven richten. So ist es sinnvoll, gemäß der Glücksbalance, die im nächsten Kapitel ausführlich dargestellt wird, den Lebensbereich der Leistung immer mehr zugunsten der Bereiche soziale Kontakte, Körper und Sinn in den Hintergrund treten zu lassen. Wir müssen mit unserer Energie haushalten.

Die meisten Menschen setzen sich das Ziel, Spuren zu hinterlassen. Diese Spuren können sich in den Kindern oder auch in gesellschaftlichen Projekten als Anteil am großen Ganzen zeigen. Doch genießen Sie diese Lebensphase, in der Sie sich und anderen nichts mehr beweisen müssen. Unterstützen Sie andere gemäß dem alten chinesischen Sprichwort: »An einer Hand, die Rosen verteilt, bleibt auch immer etwas von dem herrlichen Duft hängen.« Mit anderen Worten: Wenn wir uns dafür einsetzen, das Leben anderer zu verbessern, dann verbessert sich im Laufe dieses Prozesses auch unser eigenes Leben. Mit der Gewissheit, ein gutes, erfülltes und glückliches Leben geführt und Spuren hinterlassen zu haben, können wir am Ende zufrieden Abschied nehmen. Dann sind wir von unserer Bergtour wieder gut zurückgekommen.

Das Lebensseismogramm

Natürlich ist der Tafelberg nur ein Modellweg. Kein Leben verläuft so planbar und glatt. Auf unserem Lebensweg werden wir teilweise von Ereignissen überrascht, die wir nicht beeinflussen können, oder wir haben selbst Dinge angestoßen, die sich dann anders entwickeln als zunächst geplant.

Das Leben verläuft niemals nur gerade entlang einer Grundlinie. Durch entwicklungsbedingte, teilweise auch hormonelle Effekte, wie beispielsweise in der Pubertät oder in der Menopause, aber auch durch externe Einflüsse kommt unsere Lebenslinie immer wieder aus dem Gleichgewicht. Gut ist es, wenn wir uns dessen bewusst sind und erprobte Werkzeuge haben, um diese Phasen für uns beherrschbar zu machen. Wir müssen einfach lernen, mit den kleinen und großen Erdbeben in unserem Leben umzugehen. Dies lässt sich modellhaft mit einem Bild aus der Naturwissenschaft, einem Seismogramm, darstellen. Mit einer solchen Übersicht erhält man zum Beispiel einen Eindruck von den Stärken eines Erdbebens. Dazu zeichnet ein Messgerät, der Seismograf, den zeitlichen Verlauf der Erdstöße als Abweichungen von einer Grundlinie auf. Analog dazu gehen wir von einem Lebensseismogramm aus.

Aus dem Seismogramm lassen sich nicht nur Aussagen über vergangene Ereignisse ablesen, sondern auch gewisse Vorhersagen treffen, beispielsweise über die Stärke bevorstehender Erdbeben. Zum anderen kann man aus den Aufzeichnungen die Eigenschwingungsfrequenz, beispielsweise von Bauwerken, ermitteln, also die Eigenfrequenz, die sie nach einem einmaligen Impuls von außen entwickeln. Die Kenntnis, welche Eigenfrequenz zum Beispiel eine Brücke hat, ist in der Praxis sehr wichtig, um beispielsweise zu verhindern, dass sie bei Windböen einstürzt.

In unserem Leben gibt es auch immer wieder Erdbeben und Vulkanausbrüche oder sogar Explosionen – unser Leben gerät in Schwingungen. Diese gehen mit Gefühlschwankungen einher: himmelhoch jauchzend, zu Tode betrübt. Grundsätzlich sind diese Lebensschwingungen, wie wir sie nennen, ganz natürliche Vorgänge. Es wäre schlimm, wenn wir ohne diese Lebensschwingungen immer in einem gleichmäßigen Zustand verharren würden. Das würde uns sicherlich auch nicht glücklich machen.

Teilweise sind diese zunächst manchmal erschreckenden Vorgänge auch erforderlich, um nach einem Ereignis auf einem höheren Energieniveau, auf einer anderen Lebensstufe anzukommen. Nach einer Hochzeit, der Gründung einer Familie und der Geburt eines Kindes verändert sich unser Leben vollständig. Nach solchen Ereignissen gerät unsere Lebenskurve auch in Schwingungen, und nach deren Abklingen gelangen wir wieder in einen stabilen Zustand. Dies gilt aber auch bei negativen Erlebnissen wie Arbeitslosigkeit, Tod in der Familie oder Verlust von wichtigen Bezugspersonen. Dramatisch wird es für uns immer dann, wenn wir das Gefühl haben, dass wir diese Schwankungen nicht mehr in den Griff bekommen. Dann drohen Krankheiten, angefangen von Magengeschwüren, Bluthochdruck, verspanntem Rücken, Kopfschmerzen, Schlaflosigkeit oder psychischen Beeinträchtigungen.

Wie geht man auf der technologischen Ebene mit diesen Schwierigkeiten um? Um bei Bauwerken die Gefahr von Resonanzschwingungen zu verhindern, arbeitet man mit speziellen Instrumenten, sogenannten Dämpfungsgliedern, die die Schwingung beruhigen, das heißt abschwächen. Diese Instrumente sorgen dafür, dass die Schwingung möglichst schnell wieder abklingt und sich das Ganze auf einem stabilen Zustandsniveau einpendelt.

Das lässt sich als modellhafte Darstellung auch auf unser Leben übertragen. Es ist von Vorteil, frühzeitig zu erkennen, wenn sich Erdbeben ankündigen. Dann ist es gut, Beruhigungsinstrumente – wie wir die Dämpfungsglieder für unser Lebensseismogramm nennen – zu haben. Mit diesen Beruhigungsinstrumenten können wir die Beben, die wir nicht verhindern können, möglichst gut überstehen und regulierend auf sie einwirken, damit die Heftigkeit der Schwingungen bei uns keine bleibenden Schäden hinterlässt. Damit wir also die Lebensschwingungen beherrschen können, brauchen wir verschiedene Beruhigungsinstrumente. Mit ihnen können wir auf die unterschiedlichen Situationen flexibel reagieren. Solche Instrumente stellen wir Ihnen im weiteren Verlauf des Buches vor. Dabei ist die Glücksbalance ein wichtiges Grundinstrument. Aber Sie werden darüber hinaus auch die Selbstorientierung als persönliches Navigationssystem, Ihre persönlichen Bedürfnisse oder auch die Wechselwirkung von innerer und äußerer Haltung kennenlernen.

Nachhaltigkeit mit der Glücksbalance

Wir möchten Ihnen, angelehnt an das Balancemodell des iranisch-deutschen Nervenfacharztes, Psychiaters und Psychotherapeuten Prof. Nossrat Peseschkian, unsere Glücksbalance vorstellen. Sein Modell findet sich in vielen Varianten in Management- und Coachingbüchern wieder. In der psychotherapeutischen Praxis hat sich dieses Modell hervorragend bewährt, da es sehr einfach ist, schnell einleuchtet, allgemeingültig ist und die Lebensbereiche klar herausstellt, die eine Änderung erfahren sollen. Unser Ziel ist es nicht, es ein weiteres Mal zu kopieren, sondern mit vielen Anregungen aus der Praxis zu füllen. Wir haben es zudem weiterentwickelt und wenden es bei uns selbst und in unseren Seminaren sehr erfolgreich an.

Für ein nachhaltiges Glück sollten die wichtigsten vier Lebensbereiche ausgewogen berücksichtigt werden. Wir nennen das: eine gute Glücksbalance finden. Zu den Hauptlebensbereichen gehören:

1. die körperliche Gesundheit
2. die Leistungsbereitschaft
3. die Familie bzw. die Kontaktpflege zu Freunden oder Gemeinschaften
4. die Entwicklung einer nicht rein materiell orientierten, sinngebenden Lebenseinstellung (Religion, Spiritualität, Wertefindung)

Wir selbst haben dieses Glücksbalancemodell wie hier abgebildet über dem Schreibtisch hängen, um immer wieder zu überprüfen, ob wir uns in einer guten Balance befinden.

Die Bereiche der Glücksbalance

Glücksbalance

Um ein nachhaltiges Lebensglück zu erreichen, ist es wichtig, immer wieder zu überprüfen, ob die vier Hauptlebensbereiche – wir werden sie im Folgenden genauer vorstellen – im Alltag ausreichend berücksichtigt sind und in einer guten Balance stehen. Viele erfolgreiche Männer und Frauen verbringen zehn bis zwölf Stunden am Tag im Beruf, sodass wenig Freiraum für die Kontakte zu Freunden bleibt oder die Gesundheit vernachlässigt wird. Wieder andere verbringen die meiste Zeit damit, sich um die Kinder und den Haushalt zu kümmern, sodass eine berufliche Eigenentwicklung in den Hintergrund tritt. Manche Menschen nutzen den größten

Anteil ihrer Zeit damit, sich mit philosophischen Fragestellungen und Reisen, die der Selbstfindung dienen, zu beschäftigen, sodass tragende Kontakte und eine berufliche Etablierung hintanstehen. Für ein nachhaltiges Lebensglück ist es sinnvoll, die vier Hauptlebensbereiche in einer individuellen Balance auszubauen, damit das Leben auf vier Säulen gestellt ist. Bricht eine davon weg, beispielsweise durch Verlust der Arbeitsstelle oder die Trennung vom Partner, so können die anderen Ebenen weiterhin tragen.

Die Ausgestaltung der vier Lebensbereiche ist sehr individuell. Sie ist neben der aktuellen Lebenssituation auch abhängig vom Lebensalter. Wir wollen Sie dazu ermuntern, gerade die Bereiche zu erweitern, die bisher in Ihrem Leben nicht so große Beachtung fanden.

Lebensbereich: Körper/Gesundheit

Dieser Bereich beschäftigt sich mit dem eigenen Körper. Es geht darum, sich ehrlich mit der körperlichen Gesundheit auseinanderzusetzen und Strategien zu entwickeln, diese möglichst lange zu erhalten. Mit dem Begriff »Gesundheit« scheinen wir alle vertraut. Sucht man aber nach einer festgesetzten Definition, so trifft man doch auf Schwierigkeiten. Vielleicht befragen Sie sich an dieser Stelle zunächst selbst: Was verstehen Sie unter Gesundheit? Schreiben Sie spontan Ihre Stichworte zum Thema Gesundheit auf und lesen Sie erst dann weiter.

Gesundheit ist für mich:

____

____

____

____

In der Regel denken wir über unsere Gesundheit nicht besonders viel nach, da sie den meisten von uns selbstverständlich ist. Erst wenn im persönlichen Umfeld jemand krank wird oder wir selbst einen Arzt aufsuchen müssen, rückt das körperliche Befinden in unser Bewusstsein. In den letzten 20 Jahren hat sich allgemein die Erkenntnis durchgesetzt, dass wir auch für unsere Gesundheit täglich sorgen müssen, beispielsweise durch eine ausgewogene Ernährung, mehr Bewegung, Verzicht auf Nikotin, geringen Alkoholkonsum oder eine regelmäßige ärztliche Vorsorge. Der Anstieg sogenannter Wohlstandserkrankungen wie Diabetes, Herzinfarkt, Schlaganfall ist so rasant und volkswirtschaftlich so kostspielig, dass die Gesundheit gesamtgesellschaftlich mehr in den Vordergrund gerückt ist.

In vielen Zeitschriften wird das Thema Gesundheit heute aufgegriffen: *Gesunde Ernährung*, *Bio*, *Körperliche Fitness*, *Wellness*, *Seelische Gesundheit*, *In einem gesunden Körper wohnt ein gesunder Geist*, *Fit statt fett*, *Prävention*, *Forever young*, *Gesunder Rücken* – so lauten die Überschriften. Das Thema bewegt uns. Fitnessstudios sind in den letzten zwei Jahrzehnten wie Pilze aus dem Boden geschossen und es ist eine deutliche Zunahme an Läufern zu beobachten.

Auch die Arbeitswelt nimmt sich im Rahmen der betrieblichen Gesundheitsvorsorge dem Thema an und bietet gesünderes Essen in Kantinen, rückenfreundliche Sitzmöbel und eventuell sogar Entspannungstrainings an. Der Begriff »Prävention« gehört zum alltäglichen Vokabular.

Im ganz persönlichen Leben und Erleben allerdings gibt es weiterhin viel Nachholbedarf: Denn leider haben viele Menschen das Gefühl und die Wahrnehmung für ihren eigenen Körper verloren. Sie merken es häufig nicht mehr, wenn sie sich überfordern, wenn der Rücken deutlich verspannt ist, wenn sie bereits satt sind, oder wissen nicht, dass Schlaflosigkeit ein Warnzeichen für tiefer liegende Probleme ist. Der Körper sendet uns jeden Tag viele kleine Signale, die gehört werden wollen. Der Körper spricht mit uns, und wir sollten seine Sprache wieder erlernen.

Viele Faktoren können unsere Gesundheit fördern, und es lohnt sich, sich damit im Sinne eines nachhaltigen Lebensglücks ausführlicher zu befassen. Gut für unsere Gesundheit sind auf jeden Fall:

- Ausschaltung von Risikofaktoren wie Rauchen, Übergewicht, schlechte Ernährung, zu viel Alkohol
- Regelmäßige Bewegung und Muskelkräftigung
- Regelmäßige Entspannung
- Austausch mit Freunden, soziale Kontakte
- Erhöhung der Stressbewältigungskompetenz
- Ausreichend Urlaub
- Ausschaltung von unnötigen Lärmquellen und Elektrosmog
- Regulierung der ständigen Erreichbarkeit (Mobiltelefone, E-Mail-Empfang)
- Kreativität, Spiel, Humor, Feiern

- Erhaltung der geistigen Fitness (Weiterbildungen, Erlernen neuer Fertigkeiten)

All diese Faktoren setzten eine aktive Haltung des Einzelnen voraus. Körperliche und seelische Gesundheit, das heißt nicht, passiv abzuwarten, ob irgendwann irgendetwas wehtut. Vielmehr ist es ein aktiver Prozess, der uns ein Leben lang begleitet. Es funktioniert nicht zu glauben, dass unser Gesundheitssystem die Krankheiten schon regeln wird. Die Wahrheit ist, dass die Mittel der Medizin bei einer chronischen Erkrankung begrenzt sind und die Eigenaktivität maßgeblich über den Verlauf und die Chancen der Genesung entscheidet. Noch sinnvoller ist es, erst gar nicht krank zu werden. Nehmen Sie es somit ernst, wenn Ihr Körper Signale sendet.

Ein Gedankenexperiment

Stellen Sie sich vor, Sie würden bei einem Routinearztbesuch mitgeteilt bekommen, dass Sie nur noch drei Monate zu leben hätten. Was würden Sie tun, nachdem Sie sich vom ersten Schock erholt haben? Würden Sie die Steuererklärung noch machen? Würden Sie sich in die Arbeit stürzen? Würden Sie Ihre Freunde besuchen? Würden Sie Zeit mit Ihrer Familie verbringen? Würden Sie einen alten Streit begraben?

Wir wünschen Ihnen, dass Sie niemals eine solche Diagnose von Ihrem Arzt bekommen. Sie sollten sich aber mit den dann auftauchenden Fragen auseinandersetzen, damit Sie auch ohne Fristvorgabe Ihr Leben aktiv gestalten und sich nicht von anderen leben lassen.

Lebensbereich: Tätigsein/Leistung

Besonders in unserer westlichen Welt wird von jedem Menschen Leistung gefordert, und diese wird in der Regel positiv bewertet. Bezogen auf die Arbeit wird mit Leistung eine gute Ausbildung (möglichst an einer bekannten Universität oder namhaften fachbezogenen Ausbildungsstätte), eine berufliche Karriere im Sinne einer guten Position mit entsprechender Vergütung und darauf aufbauend ein soziales Prestige mit Haus, Auto und Familie verbunden.

Gegen Ehrgeiz und Leistung spricht nichts, das Beste aus sich herauszuholen, kann erfüllend sein. Und wer nicht nur einen Beruf, sondern seine Berufung findet, ist sicher glücklich zu schätzen. Die Berufung kann auch im häuslichen Bereich liegen, beispielsweise in der Erziehung von Kindern. Mancher findet sie im sozialen Engagement oder in künstlerischen Tätigkeiten. Sich selbst zu fordern und weiterzubilden, um im Arbeits-, im Familien- oder im gesellschaftlichen Leben seinen Platz immer wieder neu zu finden oder auszubauen, gibt Selbstbestätigung und Zufriedenheit.

Wie immer aber ist die Dosis entscheidend. Die Leistung, die der Lebensalltag von uns heute abverlangt, ist häufig sehr hoch. Immer mehr Menschen kommen mit dem Geforderten an die Grenzen ihrer Belastbarkeit. Viele Arbeitsschichten erfordern ein Höchstmaß an körperlichem und teilweise auch psychischem Einsatz, neben dem wachsenden Leistungsdruck in Unternehmen. Gleichzeitig nimmt die berufliche Sicherheit ab, sodass viele Arbeiter in der Angst vor Arbeitslosigkeit sich beinahe zwangsläufig gesundheitlich an die Grenze bringen. »Was soll ich denn machen, sonst verliere ich meinen Job«, ist ein aus der Not geborenes Argument. Zu einem normalen Lebensalltag gehören in der Regel noch die Organisation des Haushaltes, die Erziehung von Kindern, die Bewältigung von behördlichen Anforderungen und die Kontakt- bzw. Hobbypflege. Inzwischen lässt sich auch bei uns ein Trend erkennen, der sich in den USA seit Jahren verstärkt. Dort bedarf es immer häufiger mehrerer Jobs, um eine Familie zu versorgen. Dies führt dazu, dass die anderen organisatorischen Tätigkeiten und das Gestalten eines Familienlebens in die wenige noch verbleibende Zeit hineingezwängt werden müssen.

Die individuellen Leistungsanforderungen bewältigen zu können, erfordert ein hohes Maß an Flexibilität, Belastungsfähigkeit und ausgleichenden Momenten. Kritisch wird es, wenn die geforderte Leistung so viel Energie verbraucht, dass kein Ausgleich mehr stattfinden kann. In der Praxis erleben wir durch alle gesellschaftliche Schichten und Einkommenslevel hindurch eine Zunahme der psychischen und körperlichen Erschöpfung.

Während in einigen Bereichen immer mehr Geld angehäuft wird, verliert in anderen Bereichen das soziale Engagement an Wert. Geld ist eine messbare Größe, humanitäre Hilfe und Erziehungsarbeit nicht unmittelbar. Daher werden heute sogar heilende und helfende Berufe in die Schemata wirtschaftlichen Denkens hineingepresst. Die Arbeitnehmer dort werden so auch weniger mit finanziellen Versprechen als mit der Helfer-Moral bei der Stange gehalten.

Der Bereich der Arbeit ist heute weitaus vielschichtiger als noch vor 20 Jahren. Durch die globale Vernetzung, die hohe Informationsflut, den größer werdenden wirtschaftlichen Druck, die zunehmende Vernachlässigung menschlicher Bedürfnisse und die Forderung nach hoher Flexibilität sind wir einem deutlich höheren Stresspegel ausgesetzt. Umso wichtiger ist es, körperliche und psychische Stresssymptome sofort richtig zu deuten und ihnen gegenzusteuern. Das Leben darf nicht nur aus Arbeit und Leistung bestehen. Ohne eine bewusste Selbstbegrenzung in der Leistungsdimension können wir langfristig nicht glücklich sein, da wir die anderen drei Bereiche vernachlässigen.

Lebensbereich: Beziehung/Kontakte

Ein wichtiger, aber auch kritischer Bereich sind die sozialen Kontakte, die Beziehungen, die familiären Strukturen. Gerade durch die zwischenmenschlichen Verbindungen können wir Annahme, Anerkennung, emotionale Wärme und das Gefühl der Zugehörigkeit erfahren. Im Zusammensein mit anderen fühlen wir uns am ehesten zu Hause. In der Familie, mit dem Partner oder engen Freunden können wir einfach wir selbst sein und uns auch im bekleckerten Jogginganzug oder mit verstrubbelten Haaren geborgen fühlen. Mit anderen Menschen verbunden zu sein, mit ihnen in einem dauernden Dialog zu sein, das ermöglicht uns tiefen Austausch, gegenseitige Wertschätzung und auch die Chance auf Selbstreflexion. Denn unser Handeln, unsere Worte und die Emotionen werden von unserem Gegenüber wahrgenommen und aus seiner Perspektive interpretiert. Im Austausch können wir so mehr über uns selbst lernen, unsere Sichtweisen erweitern und nicht zuletzt unsere Persönlichkeit weiterentwickeln.

Diese Nähe zu anderen Menschen kann allerdings auch verletzend und destruktiv erlebt werden. Eltern können statt annehmend auch ablehnend sein, der Partner verletzend und streitsüchtig. Ein Zusammensein ist nicht zwangsläufig mit Dialog und emotionaler Wärme gekoppelt, sondern kann sich auch sehr belastend auswirken. Wer dies so erlebt, sollte unbedingt einen Ausweg suchen, eventuell auch mit professioneller Hilfe.

Wer die Vorteile einer Gemeinschaft und ein Zugehörigkeitsgefühl erleben möchte, wird keinen Selbstverwirklichungstrip antreten können. In der Partnerschaft, in der Familie oder in anderen Gemeinschaften gilt an erster Stelle ein gemeinschaftliches Ziel. Nur dann ist ein gemeinsames Funktionieren gewährleistet. Im Gegenzug zur Unterordnung unter das verbindende Gemeinsame kann der Einzelne Liebe, Anerkennung und ein Gefühl der Zugehörigkeit, im Falle der Familie überdies eine Fortsetzung des eigenen Stammbaums erfahren.

Beziehung bedeutet wörtlich, sich auf einen anderen zu beziehen – welche Gestalt dies auch immer anzunehmen vermag. Beziehung kann heißen, miteinander zu spielen und Spaß zu haben, sich Freude zu bereiten, gemeinsam zu essen, gemeinsam zu reisen, sich gegenseitig etwas vorzulesen … all das Schöne im Leben miteinander zu teilen. Es bedeutet auf der anderen Seite aber auch, Grenzen zu setzen, ehrlich zu sein, sich authentisch auszutauschen, gemeinsam zu wachsen. Letztlich kann auch dazugehören, sich in Achtung vorm anderen wieder voneinander zu lösen. Beziehung heißt Nähe und auch Abschied, Gemeinsamkeit und zugleich Eigenständigkeit, Vorteile der Gemeinschaft zu genießen und Nachteile der Selbsteinschränkung zu tragen. Beziehungen erfordern immer einen gesunden Ausgleich zwischen Geben und Nehmen.

In Balance und somit nachhaltig glücklich zu sein, bedeutet aus unserer Sicht auch, nicht aus der Verbindung mit anderen Menschen herauszugehen. Es bedeutet, in den Dialog mit anderen Individuen oder Gruppen zu treten, die eigene Perspektive dadurch immer wieder zu erweitern, von anderen zu lernen und sie im Gegenzug ebenfalls zu fördern. Zu einem geglückten Leben gehört es meist dazu, mit anderen Menschen verbunden zu sein.

Dennoch ist Beziehung natürlich kein Muss, auch nicht für das Glück. Manche gehen lieber allein oder mit einem bestimmten Sicherheitsabstand zu anderen Menschen auf ihre Lebensreise. In der heutigen Zeit können wir das Leben so gestalten, dass wir allein, alleinerziehend, in Wohngemeinschaften lebend oder wie auch immer gut zurechtkommen. Wir können uns die sozialen Netzwerke selbst auswählen. Es ist einfacher geworden, die zu einem selbst passenden Bindungsmuster zu gestalten und zu leben.

Lebensbereich: Werte/Haltung

Im vierten Bereich geht es um unsere Werte und unsere innere Haltung, die Persönlichkeitsentwicklung und die Dimension der Spiritualität. Hier hinein fällt alles, was uns als Mensch, Individuum und Persönlichkeit ausmacht. Wo stecken unsere Leidenschaften, was tun wir gern, beispielsweise als Hobby? Wie sehen unsere Fragen an das Leben aus? Wofür stehen wir? Leben wir in einer Verbindung zu einer übergeordneten Dimension, einer religiösen Verbundenheit, der Verbundenheit zur Natur, zur Musik, zur Wissenschaft, zum Cyberspace? Oder glauben wir nur an das, was wir sehen? Was macht uns aus, wenn wir keine Arbeit oder keine Freunde haben? Woher kommen und wohin gehen wir? Wie gehen wir in unsere Zukunft, welchen Sinn wollen wir erfüllen? Was wollen wir noch erreichen?

Ein Leben ohne Sinn dürfte im wahrsten Sinne des Wortes sinnlos sein. Und so sind wir alle auf der Suche – nach dem Sinn unseres Lebens. In den letzten Jahren wurde der Andrang auf Yogakurse, buddhistische Zentren oder Klöster, die zu Auszeiten einladen, immer größer. Viele Bücher beschreiben seit ein paar Jahren, wie man beim Wandern auch auf dem inneren Weg zu sich selbst ist, auf dem Jakobsweg beispielsweise. Pilgern ist in: Strapazen auf sich nehmen, das eigene Hab und Gut auf einen zehn Kilo schweren Rucksack beschränken, sich dem Weg anvertrauen, in Begegnungen und im Dialog mit anderen gehen, einfach nur gehen. Das ist eigentlich erstaunlich in einer Zeit, in der ein Großteil der Bevölkerung, zumindest bei uns in Mitteleuropa, fast alles von überall auf der Welt haben kann.

Die Suche nach dem Wesentlichen im Leben wird uns sicher ein Leben lang begleiten. Dabei wird es unzählige Wege geben, der Antwort näherzukommen. In der täglichen Begegnung und in Diskussionen in den öffentlichen Medien können wir die unterschiedlichsten Menschen auf der Suche nach ihrem Sinn beobachten: Der eine findet sein inneres Zuhause im Zusammenleben mit Tieren, in der Pflege von Menschen, in der Weltreise, in einer der Religionen. Andere Menschen wollen Spuren hinterlassen: Sie wollen vielleicht ihre Kinder gut erziehen und ihnen eine gute Ausbildung ermöglichen, eine Firma aufbauen, Bilder malen, Musik komponieren, Bücher schreiben, Denkmäler stiften, irgendetwas Einzigartiges schaffen. Die Wege zu einem sinnerfüllten Leben sind so vielfältig, wie wir Menschen es sind.

Ihre individuelle Glücksbalance

Nun haben wir Ihnen die vier Lebensbereiche unseres Modells der Glücksbalance vorgestellt. Wir möchten Sie anregen, bevor Sie weiterlesen, sich einige Notizen zu Ihrer persönlichen Glücksbalance zu machen. Schreiben Sie gleich hier im Buch, auf einem Blatt Papier oder in Ihrem Tagebuch stichpunktartig zu jedem der unten noch einmal aufgeführten Bereiche das auf, was Ihnen wichtig ist. Verschaffen Sie sich dadurch Klarheit über die Werte, die für Sie in den vier Lebensbereichen maßgeblich sind.

Gehen Sie die vier Lebensbereiche der Reihe nach durch und notieren Sie, was Ihnen am Herzen liegt.

- Lebensbereich: Körper/Gesundheit

___

___

___

- Lebensbereich: Tätigsein/Leistung

___

___

___

- Lebensbereich: Beziehung/Kontakte

___

___

___

- Lebensbereich: Werte/Haltung

___

___

___

Zweiter Teil

Der Ausgangspunkt: Klärung Ihrer Situation

»Glücklich sein: das heißt, die Ungeduld nach dem Glück hinter sich haben.«
Maurice Maeterlinck

Welcher Glückstyp sind Sie?

Wir alle sind auf der Suche nach unserem persönlichen Lebensglück und unserer Glücksbalance. Dafür haben wir alle unsere eigenen Strategien, die sich aus unserer Persönlichkeitsstruktur ergeben. Da wir alle unterschiedliche Persönlichkeiten sind, unterscheiden sich auch die Dinge, die für uns wichtig oder auch schwierig sind. Um sich selbst auf der Suche nach dem Lebensglück besser zu verstehen und damit die Glückssucher-Strategie zu optimieren, ist es wichtig, sich den Status quo genauer anzuschauen. Das wollen wir in diesem Kapitel tun. Wir beginnen dabei mit den eigenen Persönlichkeitsanteilen, die Sie nun genauer kennenlernen können. Um die zahlreichen Varianten von Persönlichkeitstypen in einem übersichtlichen Rahmen zu lassen, beschränken wir uns hier auf die acht wichtigsten.

Meist haben wir Anteile von mehreren Persönlichkeitstypen und können diese – je nach Anforderungen im Leben – sinnvoll einsetzen, wobei jedoch in den meisten Fällen ein Persönlichkeitstyp über die anderen dominiert. So hat jeder ernsthafte Mensch irgendwo auch eine lustige Seite und viele Menschen, die in bestimmten Lebensbereichen sehr penibel sind, sind in anderen unordentlich. Manchmal ist es erforderlich, dass der strukturierte Anteil in den Vordergrund rückt, manchmal aber auch der helfende Anteil oder der, der sich nur im Mittelpunkt des Geschehens wohlfühlt. Je mehr verschiedene Persönlichkeitsanteile wir einsetzen können, umso flexibler können wir auf Anforderungen unseres Lebensweges reagieren. Eine einseitige Persönlichkeitsbetonung wirkt dagegen sehr starr, erschwert uns das Lösen von Problemen und lässt uns damit bei der Glückssuche scheitern.

Im folgenden Test können Sie ermitteln, welcher Persönlichkeitstyp bei Ihnen dominant ist und welche anderen noch hineinspielen. Daraus können Sie dann schließen, was ihre bisherige Strategie bei der Glückssuche ist und woraus eventuell auftretende Schwierigkeiten entstehen.

Kreuzen Sie an, welche Antwort auf die jeweiligen Fragen am besten auf Sie zutrifft. Addieren Sie am Schluss, welche Buchstaben Sie wie oft angekreuzt haben, und finden Sie heraus, welcher Glückstyp Sie sind.

Frage	Ja	Ein wenig	Nein
Ist es für Sie selbst die größte Freude, wenn Sie anderen eine Freude bereiten können?	C C	C	
Sind Gespräche mit anderen Menschen für Sie eine Ihrer größten Bereicherungen?	G G	G	
Erzählen Sie gerne Geschichten und können Sie damit auch größere Runden unterhalten?	B B	B	
Wünschen Sie sich oft, die anderen Menschen würden mehr Rücksicht auf Sie nehmen?	H H	H	
Mögen Sie es, wenn die Dinge nach Ihren Vorstellungen ablaufen und Sie die Kontrolle behalten?	D D	D	

Frage	Ja	Ein wenig	Nein
Lieben Sie es, sich Ihre Zukunft vorzustellen und sich auszudenken, was Sie alles tun könnten?	F F	F	
Sind Sie sozial engagiert?	C C	C	
Bleiben Sie lieber bei den Dingen, die Sie schon kennen, anstatt etwas Neues zu wagen?	E E	E	
Fallen Sie gerne auf und genießen Sie die Aufmerksamkeit anderer?	B B	B	
Fällen Sie oft emotionale Entscheidungen aus dem Bauch heraus?		F	F F
Gehen Sie neben der Arbeit gerne Ihren Hobbys nach?	G G	G	
Können Sie gut mit Kritik umgehen und nutzen Sie sie gerne, um sich zu verbessern?		D	D D
Planen Sie gerne alles genau im Voraus?	A A	A	
Sehen Sie die Dinge um sich herum oft kritisch?	H H	H	
Versinken Sie gerne in Tagträume?	F F	F	
Sehen Sie Ihr soziales Netzwerk als Bereicherung?	G G	G	

Frage	Ja	Ein wenig	Nein
Setzen Sie sich immer genaue Ziele, die sie unbedingt erreichen wollen?	A A	A	
Finden Sie es unangenehm, im Mittelpunkt zu stehen?		B	B B
Sehen Sie der Zukunft eher skeptisch entgegen?	E E	E	
Verbringen Sie viel Zeit in einer virtuellen Online-Realität?	G G	G	
Werden Sie oft von Krankheiten oder Schmerzen geplagt?	H H	H	
Kommen Schwächere oft zu Ihnen, um bei Ihnen Schutz zu suchen?	D D	D	
Machen Ihnen Veränderungen erst einmal Angst?	E E	E	
Kommen Ihre Freunde als Erstes zu Ihnen, wenn sie Hilfe brauchen?	C C	C	

Im Folgenden stellen wir Ihnen die acht grundlegenden Persönlichkeitstypen vor. Sicher werden Sie sich in einigen wiedererkennen, während Ihnen andere fremd vorkommen oder sich Ihnen nur aus der Beobachtung anderer Menschen erschließen.

Überwiegend »A«: Der Strukturierte

Menschen mit diesem Persönlichkeitsanteil sind bestens organisiert und strukturiert. Ihre Eigenschaften werden vor allem dann wichtig, wenn ein Arbeitspensum zu schaffen ist oder der Familienalltag organisiert werden muss. Das heißt natürlich auch, dass wir alle Eigenschaften eines Strukturierten brauchen.

Zur Strukturierung unseres Lebens stehen uns Hilfsmittel wie die Uhr und der Wecker, der Kalender, der Terminplaner, der Flug- und Bahnplaner usw. zur Verfügung. Menschen, die sinnvoll planen und beispielsweise auch ihren finanziellen Rahmen nicht aus den Augen verlieren, können sich besser davor schützen, in einige Lebensfallen hineinzugeraten. Sie werden sicher kein überteuertes Eigenheim kaufen, planlos die Stellen wechseln oder sich mit unzähligen Hobbys verzetteln. Vor wichtigen Lebensentscheidungen setzt sich der Strukturierte hin und überlegt, was eine Veränderung mit sich bringen wird und ob diese in seinem Lebensplan auch sinnvoll ist. Dabei lässt er sich nicht von reinen Emotionen leiten. Alles in allem eine sinnvolle Art, mit alltäglichen wie außergewöhnlichen Herausforderungen umzugehen.

Nimmt allerdings die Planungswut überhand, wird das Leben starr und unflexibel. Alles muss dann kontrolliert und überwacht werden. Der Tag wird minutiös eingeteilt und die Hemden werden millimetergenau gestapelt. Alle Eventualitäten werden vorher genau durchdacht. Diese Haltung kostet enorm viel Energie und geht an den wirklichen Anforderungen des Lebens vorbei, denn wie heißt es doch so schön: »Der Mensch plant und Gott lacht.«

Beim Typ des Strukturierten stoßen wir also auf die Gratwanderung zwischen Organisiertheit und Starrheit. Menschen, die sich von ihren übernommenen oder selbst gebastelten Systemen nicht lösen können, würden wir eher in die Kategorie *engstirnig* stecken. Wie bei jedem anderen Persönlichkeitstypen auch wirken die Verhaltensmuster des Strukturierten auf ihn selbst, aber natürlich auch auf seine Umwelt. Mit einer starren Haltung wirkt er abschreckend auf andere Menschen, mit einer zu lockeren Haltung scheint er nicht greifbar und wenig verlässlich. Wer kennt nicht die Steffi, die immer 30 Minuten zu spät kommt, oder den Peter, der mal wieder nicht angerufen hat, obwohl er es dreimal versprochen hatte, aber auch den Hans, der nie spontan zum Essen vorbeikommen kann, oder die Susanne, die immer drei Stunden im Bad verbringt, bevor irgendjemand sie sehen darf.

Fazit: Strukturierung ist sinnvoll, sollte aber möglichst viel Raum für Flexibilität lassen.

Überwiegend »B«: Der Mittelpunkttyp

Menschen mit diesem Persönlichkeitsanteil stehen gern im Zentrum der allgemeinen Aufmerksamkeit. Sie fallen uns häufig schon durch ihre Kleidung, ihren Gang und ihre teils faszinierende Art auf, immer das Gesprächsthema an sich zu reißen. Manche Mittelpunkttypen können hervorragend gute Geschichten erzählen, sie sind kurzweilige Unterhalter und locker in der Lage, ein komplettes Urlaubsprogramm zu gestalten. In ihrer Nähe wird es nie langweilig. Meist kennen sie sich in einigen oder mehreren Gebieten gut aus. Diese Menschen fühlen sich wohl, wenn das gesamte Scheinwerferlicht auf sie fällt.

Beim Gegenüber können diese Persönlichkeitstypen verschiedenartige Reaktionen hervorrufen. Zum einen finden sie immer Anhänger, die sich gern im Schatten solcher Mittelpunkttypen aufhalten und etwas von deren Lebendigkeit und Faszination in ihr vielleicht langweiligeres Dasein hinübernehmen. Andere fühlen sich von diesen Zentrumstypen an den Rand gedrängt, sie fühlen sich in ihrer Umgebung nicht so wohl und verlassen lieber die Arena. Mittelpunkttypen sind im Extremfall gefährdet, zwar von ihren Anhängern bewundert zu werden, aber niemanden mehr um sich zu haben, der ihnen mal eine kritische Meinung entgegenhält. Sie machen dann kaum noch Erfahrungen, die sie das eigene Verhalten überdenken oder sogar verändern lassen. Das ist natürlich nicht unbedingt günstig für die persönliche Entwicklung.

Fazit: Mittelpunkttypen können ihre Fähigkeiten gern zeigen und sich durchaus auch bewundern lassen, doch sollten sie dabei andere Menschen, deren Ansichten und Eigenheiten nicht übersehen.

Überwiegend »C«: Der Helfer

Dieser Persönlichkeitsanteil zeichnet sich durch eine außergewöhnlich hohe Hilfsbereitschaft aus. Der Helfer kann schnell die Bedürfnisse anderer Menschen erkennen, und er ist in der Lage, sie zu erfüllen. Er übernimmt ohne darüber nachzudenken große Verantwortung, im Arbeitsleben, in der Familie, in der Gesellschaft. Wenn noch das Protokoll der letzten Vereinssitzung zu schreiben ist oder der Kartoffelsalat für das Grillfest vorzubreiten ist, so steht der Helfertyp an erster Stelle. Er schreit häufig: »Hier!«, wenn es um die Übernahme von Pflichten geht. Der Helfertyp arbeitet gern ehrenamtlich für den Sportverein oder die *Tafel*, kümmert sich um die pflegebedürftigen Schwiegereltern oder geht noch schnell bei Tante Elsbeth vorbei, um nach dem Rechten zu sehen. Die Helfertypen erfreuen sich an der Anerkennung, die ihnen durch ihre Selbstaufopferungsbereitschaft entgegengebracht wird.

Auch Mütter laufen Gefahr, ihre Rolle in der Familie zur Helferrolle werden zu lassen. Die Kinder werden dann zum Fußball oder zum Geburtstag kutschiert, der Haushalt wird perfekt organisiert und abends stehen drei verschiedene Lieblingsessen auf dem Tisch. Das wirkt schön und liebevoll, nicht selten vernachlässigen sich diese Mütter aber selbst und verausgaben sich.

Gern gesehen sind Helfertypen natürlich auch im Arbeitsleben, nicht nur in helfenden Berufen, in denen sie recht häufig anzutreffen sind. Sie tragen ein hohes Maß an Verantwortung, sind in der Regel sehr zuverlässig und bleiben ohne Murren länger, wenn es nötig ist. Das Delegieren gehört nicht zu den Stärken der Helfertypen. Im Extremfall werden alle Aufgaben und Verantwortlichkeiten von ihnen übernommen und auch perfekt erledigt. Viel Überredungskunst brauchen Vorgesetzte oder Kollegen dafür gar nicht. Die Kehrseite ist allerdings ein unmerklicher, langfristiger Erschöpfungsprozess. Die Helfertypen sind stark burnoutgefährdet.

Fazit: Hilfsbereitschaft und soziales Engagement sind für das Zusammenleben in einer Gesellschaft notwendig und wichtig, und natürlich kann es zum eigenen Glück beitragen, andere zu unterstützen. Doch Helfertypen sollten auch lernen, Verantwortung für sich selbst zu übernehmen und anderen nicht alles abzunehmen. Das kleine Wörtchen »Nein« kann für sie zum Wundermittel werden.

Überwiegend »D«: Der kleine König

Dieser Typ sitzt eindeutig auf dem Thron. Er übt gern Macht aus und regiert sein kleines Königreich. Gegenüber äußeren Feinden zeigt er sich extrem unnachgiebig. Er schart gern Menschen um sich, die sich ihm bereitwillig unterordnen, gern auf seinen Schutz zurückgreifen und »Seine Majestät« nicht infrage stellen.

Solange alles nach seinen Vorstellungen und Plänen geht, ist er zufrieden und lässt auch seine Untertanen an so manchem Hoffest teilnehmen. Zeigen sich die Untertanen aber nicht dankbar genug oder stellen auch noch Anforderungen an ihn, die ihm nicht passen, dann wird das Klima im Königreich rauer. Kritik an seiner Macht, das mag der kleine König überhaupt nicht. Wenn es für ihn bedrohlich werden sollte, kann er recht unangenehme Geschütze auffahren. Die Untertanen werden gegängelt und unter Druck gesetzt. Besonders gefährliche Rebellen müssen das Königreich verlassen.

Vernünftigen Argumenten gegenüber ist der kleine König in der Regel nicht aufgeschlossen. Er sieht seine eigene Wahrheit, und eine andere gibt es nicht. Nur wenn er sehr, sehr krank und geschwächt ist, kann er Hilfe von anderen annehmen. Aber sobald er wieder stark genug ist, sitzt er erneut auf dem Thron. Kleine Könige finden sich häufig in Führungspositionen in Unternehmen oder in der Politik. Auch wird manchmal die Mutter- oder Vaterrolle in eine Königsrolle getauscht.

Fazit: Kleine Könige geben anderen Schutz, solange es nach ihren königlichen Regeln geht. Menschen, die sich damit wohlfühlen, dass ein anderer für sie entscheidet, sind bei dem kleinen König richtig aufgehoben. Da er über seinen Untertanen auf dem Thron sitzt, läuft er Gefahr, übermäßig allein und von der Realwelt abgeschnitten zu sein, zudem ignoriert er gern die Meinung von anderen. Solange er die Macht hat, wird er Verehrer finden, die ihn umgeben. Ist seine Macht aber gebrochen, bemerkt er seine Einsamkeit.

Überwiegend »E«: Der Zauderer

Dieser Persönlichkeitstyp sieht in der Regel zunächst einmal das halb leere Glas. Stehen Entscheidungen an, so müssen alle Varianten, wie es schiefgehen könnte, genauestens durchdacht werden. Im entscheidenden Moment verlässt den Zauderer der Mut. Einen neuen Weg einzuschlagen, das bedeutet, sich auf Unbekanntes, neue Anforderungen und einen unsicheren Ausgang einzulassen. Sorgen und Ängste rücken in den Vordergrund. Der Zauderer fällt dadurch auf, dass er sich oft rückversichert, immer wieder ein Argument findet, warum es »heute noch nicht geht«. Das Zögerliche kann in manchen Situationen angebracht sein, und sicher wird dieser Typ nicht übereilt in eine Falle laufen. Wer mit einer solchen Persönlichkeit ausgestattet ist, muss aber aufpassen, es nicht zu übertreiben und zu einem Meister der Schwarzmalerei zu werden.

Häufig sucht sich der Zauderer einen starken Partner, an den er sich im Zweifelsfalle anlehnen kann. Da er wenig Mut hat, eigene Wege zu gehen, passt er sich häufig an Gewohntes oder die Wege anderer an. Auf Dauer wird er dadurch aber leicht unzufrieden.

Fazit: Zauderer sind sehr genau und sehen eher die Probleme als die Lösungen. Sie sollten ihre schwarze Brille ruhig etwas aufhellen, dadurch wird sie noch lange nicht rosarot.

Überwiegend »F«: Der partnerschaftliche Allrounder

Dieser Persönlichkeitstyp vereint vieles der anderen Typen in sich. Er kann mal im Mittelpunkt stehen, aber auch leise und im Hintergrund ehrenamtlich tätig sein und Verantwortung übernehmen. Er ist in der Regel selbstbewusst, ohne ein kleiner König zu sein. Er hat die Eigenschaft, sich gut um sich selbst zu kümmern, aber die anderen und das Gegenüber nicht aus dem Blick zu verlieren. Er vertritt seine eigene Meinung, verfolgt seine klaren Ziele und empfindet es als Bereicherung, mit anderen Menschen in einen Dialog zu treten. Er lebt vom Austausch und von der Gemeinschaft mit anderen und empfindet ein soziales Netzwerk als enorme, ja notwendige Bereicherung. Der partnerschaftliche Allrounder geht neben der Arbeit auch seinen Hobbys nach, hat viele Interessen und möchte in einem permanenten persönlichen Wachstumsprozess bleiben. Durch seine weitgreifende Kompetenz wirkt dieser Persönlichkeitstyp auf andere manchmal etwas unheimlich oder aber auch so anziehend, dass er mit Aufgaben überschüttet wird. Dies kann zur Folge haben, dass er sich zum einen allein fühlen kann oder zum anderen mehr Aufgaben übernimmt, als für ihn selbst gut ist.

Fazit: Der partnerschaftliche Allrounder ist ein angenehmer Zeitgenosse. Er übernimmt Eigenverantwortung, ist klar in seinen Zielen und Handlungen. Er lebt im Dialog mit anderen Menschen. Durch seine aufgeschlossene Persönlichkeit und umfassende Kompetenz kann er sich allerdings in eine Situation manövrieren, die ihn physisch und/oder psychisch überfordert. Hier sollte er vorsichtig sein. Es tut ihm außerdem gut, wenn er die kleinen Schwächen anderer Menschen augenzwinkernd übersieht.

Überwiegend »G«: Der Traumtänzer

Der Traumtänzer verliert sich gern in seinen Fantasien. Er hat die Fähigkeit, die Realität auszublenden und in eine Traumwelt einzutauchen. In einer solchen Welt ist es uns möglich, neue Lösungswege und neue Räume und Welten zu entdecken, die zunächst in der Realität nicht umsetzbar scheinen. Träumen kann Handeln auf Probe sein und in der Realität neue Denkmuster eröffnen.

Verliert sich jemand allerdings in Traumwelten, besteht die Gefahr, dass er sich vom realen Leben entfernt. Es kann dazu führen, dass er sich sozial abnabelt, seinen Verbindlichkeiten nicht mehr nachkommt und die Traumwelt langsam als seine Realwelt ansieht. Durch das Internet, in dem man sich heute leicht verkriechen kann, kann dieser Anteil deutlich verstärkt werden.

Manchmal können Traumwelten auch von bestimmten Inhalten geprägt und zu einer Lebensidee werden. Ein Träumer dieser Art sagt dann vielleicht: »Ich habe immer Pech«, oder: »Ich werde Miss Germany.« Gefährlich wird eine solche Einstellung dann, wenn die reale Bodenhaftung verloren geht und die fixe Idee nicht mehr aufzuheben ist.

Träume sind wichtig und Träumer können zu Visionären werden, die einer Gesellschaft neue Wege eröffnen. Manche Berufe – Autor, Filmregisseur, Schauspieler etc. – setzen die Bereitschaft direkt voraus, sich in eine Fantasiewelt zu begeben. Auch viele Erfindungen konnten nur durch Träumer gemacht werden. Und nicht nur bei Kindern und Jugendlichen dient das Erleben in Fantasieräumen einer gesunden Auseinandersetzung mit den eigenen Gefühlen und der Integration in die Realität. Auch bei der Persönlichkeitsentwicklung oder in therapeutischen Situationen kann das wichtig sein.

Fazit: Fantasien und Träume eröffnen neue Denkräume. Sich darin zu verlieren, kann aber zu einer Abnabelung von der realen Welt führen.

Überwiegend »H«: Der (Selbst)Saboteur

Dieser Persönlichkeitstyp zeichnet sich dadurch aus, dass er die Dinge kaum voranbringt – bis dahin, dass er die Gemeinschaft ausbremst. Er kommt vielleicht zu spät, verliert seine Unterlagen, hat die Aufgaben noch nicht fertig und glänzt durch langatmige Kommentare. Wenn diese Masche nicht bereits alles lahmlegt, kann ein weiterer Joker ins Spiel kommen: Krankheiten. Heute ist es die Migräne, morgen der brennende Magen und übermorgen die Rückenschmerzen. Dabei kann durchaus eine Erkrankung vorliegen (bescheinigt durch das Medizinsystem), sie wird aber immer wieder als Ausrede benutzt.

Kurzum, der (Selbst)Saboteur setzt sich und andere schachmatt, drosselt das gemeinschaftliche Tempo und kann die Mitmenschen auf eine sehr subtile Art manipulieren. Er ist Meister darin, den anderen ein schlechtes Gewissen zu machen: »Liebe Kollegen, die Idee mit dem Kegelabend ist ja sehr nett, aber ihr denkt wieder mal nicht daran, dass ich mich nicht bücken kann. Das ist typisch, bei euch berücksichtige ich so viele Dinge und ihr merkt euch bei mir nicht mal eine Sache. Da ist einfach kein Interesse vorhanden …« Unterschwellig macht der Saboteur das Umfeld aggressiv und wütend. Da er perfide Argumente hat, ist ihm verbal häufig nicht beizukommen. Letztendlich betrügt der Saboteur sich aber selbst. Er könnte deutlich mehr erreichen, beruflich und privat. Tief im Inneren ist er wütend auf irgendein altes System, die Eltern, die Schule, die Kirche … Ein Kollege hat dieses Muster gut auf den Punkt gebracht: »Ich betrüge den Vater Staat an Vaters statt.«

Fazit: Der (Selbst)Saboteur lebt in der Gefahr, sich im Umfeld unbeliebt zu machen. Es wäre für ihn daher von Vorteil, nicht nur Kritik zu üben, sondern die Dinge auch mal von einer positiven Seite zu betrachten. Seinem eigenen Glück wäre damit enorm geholfen.

Alle Typen im Überblick

Die folgende Tabelle zeigt die einzelnen Persönlichkeitstypen auf einen Blick.

Dabei finden Sie für jeden Typ die Vorteile und die Punkte, bei denen Vorsicht geboten ist, stichwortartig gegenübergestellt. Dies zeigt noch einmal deutlich die Chancen und möglichen Schwierigkeiten bei der Glückssuche der jeweiligen Persönlichkeitstypen.

Persönlichkeitstyp	Chancen	Mögliche Schwierigkeiten
Der Strukturierte	– plant gut voraus – schützt sich vor zu schnellen und emotionalen Entscheidungen – verfolgt seine Ziele	– kann starr und wenig flexibel sein – zu hoher Energieaufwand für die Planung – könnte sein Leben verpassen
Der Mittelpunkttyp	– lässt sich nicht übergehen – großes Selbstbewusstsein – wird häufig bewundert und ist beliebt	– Gefahr, andere Menschen nicht mehr wahrzunehmen – Neider können ihn zu Fall bringen

Persönlichkeitstyp	Chancen	Mögliche Schwierigkeiten
Der Helfer	– große Hilfsbereitschaft – große Verantwortungsbereitschaft	– sorgt sich oft nicht ausreichend um sich selbst – möchte unbewusst die gegebene Hilfe meist auch zurückbekommen – dies kann zu Frustration führen
Der kleine König	– gibt Orientierung und Schutz nach außen – trägt Verantwortung	– sieht andere Menschen oft als seine Untertanen an – geht nicht gern in den Dialog – Es muss nach seinem Willen gehen!
Der Zauderer	– denkt viel nach und sieht auch die schwierigen Seiten	– sieht vor lauter Problemen das Gute oft nicht – wird leicht handlungsunfähig
Der partnerschaftliche Allrounder	– trägt Verantwortung und bezieht andere Meinungen mit ein – angenehmer Zeitgenosse	– überfordert sich selbst manchmal etwas
Der Traumtänzer	– schöpft Kraft aus der Fantasie – kann neue Ideen beisteuern – nutzt den Traum auch als Schutzraum	– Gefahr der Loslösung von der Realität – kann in Ideen stecken bleiben, die nicht realistisch sind

Persönlichkeitstyp	Chancen	Mögliche Schwierigkeiten
Der (Selbst) Saboteur	– zieht die Handbremse und schützt so vor echten Gefahren	– bremst sich selbst oder die Gemeinschaft aus – wirkt unterschwellig sehr aggressiv – ist sehr manipulativ

Der Persönlichkeitskreis

Niemand ist genau und ausschließlich einer der Typen, wie wir sie beschrieben haben. Wie Sie bei der Auswertung des Tests sicher selbst festgestellt haben, trägt jeder Mensch Anteile von mehreren, wenn nicht gar von allen dieser Persönlichkeitstypen in sich. Auf dem Weg zum nachhaltigen Glück lohnt es sich, sich über diese Anteile bewusst zu werden. Wer nämlich weiß, wer er ist, kann seine Stärken intensiver ausleben und sich vor seinen Schwächen in Acht nehmen. Um ein

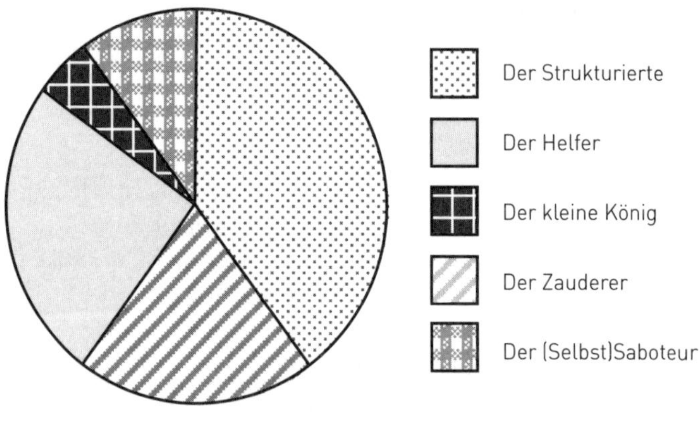

So könnte der Persönlichkeitskreis eines Menschen aussehen

genaues Bild von der Zusammensetzung seiner eigenen Persönlichkeit zu erhalten, lohnt es sich, die Anteile der einzelnen Typen in einen Persönlichkeitskreis einzutragen.

Übung: Ich bin mehr als ein Typ

Um Ihre Persönlichkeitsanteile sichtbar zu machen, können Sie in den noch leeren Kreis Ihre ungefähren Anteile der acht Glückstypen eintragen, mit Bleistift oder mit verschiedenen Farben, ganz wie es Ihnen am liebsten ist. Das geht am einfachsten, wenn Sie dabei mit dem bei Ihnen dominanten Typen anfangen und dann absteigend weitergehen.

Es kann übrigens zusätzlichen Spaß machen, wenn Sie Ihren Lebenspartner, Ihre Kinder oder einen guten Freund bitten, aus seiner Sicht Ihre Anteile zu schätzen und diese dann mit Ihren Testergebnissen zu vergleichen. Die Fremdsicht gibt Ihnen garantiert viele neue Anregungen.

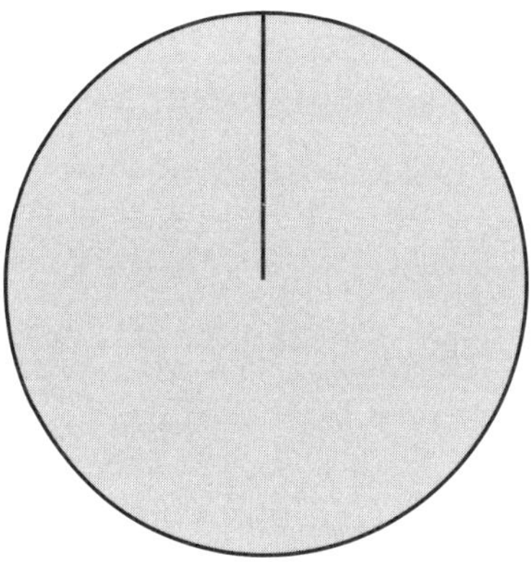

Erstellen Sie Ihren individuellen Persönlichkeitskreis

Nach dem Test und dieser Übung sollten Sie einen guten Einblick in die Anteile Ihres Glückstyps bekommen haben. Dies hilft Ihnen dabei, Ihre Stärken zu erkennen und dadurch Ihre Chancen besser zu nutzen, sowie sich der Schwierigkeiten, die sich daraus ergeben, besser bewusst zu sein, um ihnen so leichter ausweichen zu können.

Die (S)trampelpfade Ihres Lebens

Viele Menschen wähnen sich auf dem Glückspfad. Sobald sie den Kinderschuhen entwachsen sind, stürmen sie los in das Glücksversprechen unserer Gesellschaft, das in unserem Zeitalter unbegrenzte Möglichkeiten zu bieten scheint: weltweite Vernetzung in privater und beruflicher Weise, weltweit anerkannte Ausbildungsprogramme der neueren Bachelor- und Masterstudienprogramme, unzählige Berufsangebote, Praktikum in Südafrika und ein Einstiegsangebot in der Schweiz, vielfältig aushandelbare Beziehungen, coole Partys und vielleicht noch der Einzug bei *Germany's Next Topmodel* und in die glitzernden Kataloge des *Who is Who* …

Doch nach einer geraumen Weile, wenn sich neben der reizvollen und interessanten Seite der *Alles ist möglich*-Welt auch die reale und überfordernde Realität einschleicht, befinden sich einige Menschen schon im Labyrinth des Irrglücks. Und dieses hält so einige Überraschungen parat. Einfache Wege können plötzlich zu dornenumrankten Hohlpfaden werden oder an einer hohen Hecke abrupt enden. Ein Weg führt in den nächsten – rechts oder links abbiegen? Das ist hier die Frage. An einer anderen Stelle des Labyrinths locken glänzende Prachtstraßen, die nach und nach in dunklen Gassen ihr Ende finden. Verführerische Hintergrundmusik lässt häufig den Weg schöner erscheinen, als er ist. Bunte Plakate und mediale Bombardierung lassen uns nur wenig Energie, um die Leere hinter den Fassaden zu erkennen. Der Mainstream wird schon recht haben – und weiter geht es in die tieferen Schichten des Labyrinths. Da könnte das Glück stecken … Von dort lockt es auch … Und wenn man es noch eine Stufe weiter schafft, dann kommt das ultimative Glücksgefühl … Weiterhetzen, weiterkämpfen.

Doch so ganz allmählich merkt nun auch der ultimative Glückssucher, dass die Pfade immer anstrengender und tückischer werden, aus ehemaligen Prachtstraßen und beleuchteten Gassen sind kleine Trampelpfade geworden, die am Ende nur noch als Strampelpfade zu bezeichnen sind.

Was wir hier etwas übertrieben dargestellt haben, ist für viele Menschen Realität. Vielleicht haben auch Sie manchmal das Gefühl, dem Glück hinterherzulaufen, auf einem Pfad, der, wenn Sie ganz ehrlich sind, nicht so ganz der wahre zu sein scheint. Aber weiter geht's, zum Anhalten bleibt gar keine Zeit.

Unsere typischen (S)trampelpfade sind zahlreich und zeigen viele Nuancen. Wie wir unterschiedliche Persönlichkeitstypen sind, nutzen wir auch verschiedene Wege, die uns zum Glück führen sollen. Sie kommen unseren speziellen Fähigkeiten, aber auch Ängsten entgegen. Keiner dieser Wege ist besser oder schlechter als der andere. Sie sind einfach unterschiedlich, so wie wir es sind. Und alle haben sie Vorteile und Fallen.

Im Folgenden stellen wir Ihnen die aus unserer Sicht wichtigsten Pfade vor. Beleuchten Sie für sich selbst, auf welchem Pfad Sie schon unterwegs waren oder derzeit sind. Nutzen Sie dieses Kapitel, um für sich selbst eine kleine Bestandsaufnahme zu machen, welche Pfade für Sie funktionieren, welche Sie noch ausprobieren wollen und welche Sie nie mehr betreten möchten. Am Ende der Beschreibungen finden Sie eine Übersicht, die Ihnen auch das jeweilige Verbesserungspotenzial der Pfade bzw. Glückssucher, die auf ihnen unterwegs sind, zeigt.

Der *Ich helfe euch*-Pfad

Viele Glückssuchende finden sich nicht zurecht, sie irren hilflos umher und brauchen jemanden, der sie führt. Ihre Rufe nach Hilfe haben einen verzweifelten Tenor und werden immer lauter, je länger man am Eingang zu diesem Pfad verweilt. Sie können nun leicht erraten, dass sich in diesen Labyrinthpfad die Glückssucher begeben, die liebend gern andere unterstützen und Verantwortung übernehmen. Oft sind sie stolz darauf, anderen aus der Patsche geholfen zu haben. Es ist ihre Art, glücklich zu werden – oder das zumindest zu versuchen.

Dieser Labyrinthpfad ist allerdings heimtückisch, denn die Anzahl der Hilfesuchenden ist groß, und die Rettungsaktionen erfordern den ganzen Einsatz, Tag und Nacht. Der emsige Glückssucher wird von Tag zu Tag erschöpfter und hat am Ende nur noch den Wunsch, sich auszuruhen. An das eigene Weiterkommen ist kaum noch zu denken und das eigene Glück, das er auf diesem Pfad finden wollte, liegt weit entfernt.

Den Rückweg einzuschlagen, wird dem Glückssucher meist nicht einfach gemacht, denn inzwischen hat er sich heimtückisch mit den Hilferufern verflochten. Sobald der ewige Helfer sich umdrehen und einen anderen Weg wählen möchte, ertönen sogleich emotional erpresserische Sätze wie: »Wenn du mich jetzt im Stich lässt, wird es mir deinetwegen schlecht gehen!« Oder: »Was soll denn deine Familie denken, wenn du mir nicht hilfst?« Oder: »Wie kann man nur so egoistisch handeln und nur sein eigenes Glück suchen?« Diese Sätze dienen ganz einfach nur dazu, dem erschöpften Helfer ein schlechtes Gewissen zu machen. Und das funktioniert perfekt.

Was steckt dahinter und wie wird es besser?

Im psychologischen Fachjargon werden die Glückssucher auf dem *Ich helfe euch*-Pfad als depressiv strukturierte Menschen bezeichnet. Das ist nicht zu verwechseln mit Patienten mit einer klinischen Depression. Eine Struktur bezeichnet nur die Tendenz eines Menschen, auf Situationen entsprechend zu reagieren. Es ist keine Diagnose im krankhaften Sinne.

Sicher haben Sie bemerkt, dass auf die beschriebene Weise niemand glücklich werden kann. Um auf den eigenen Glückspfad zu kommen, ist es für die Menschen, die sich in diesem Muster wiederfinden, besonders wichtig, Neinsagen zu lernen und frühzeitig eigene Grenzen zu setzen. Häufig machen solche Menschen Dinge, die sie eigentlich gar nicht wollen. Für das eigene Glück ist es daher besonders wichtig, dass sie lernen, auf ihre eigenen Bedürfnisse zu hören und sich davon nicht abbringen lassen. Zudem müssen sie eine innere Resistenz gegen emotionale Erpressungsversuche entwickeln und lernen, falsche Schuldgefühle auszuschalten.

Der *Ich bin der Beste*-Pfad

Dieser Pfad erscheint in einer strahlenden Fassade. Wer ihn betritt, bekommt die folgende Losung an die Hand: »Kümmere dich nicht um andere, sieh immer zu, dass du der Erste bist. Du schaffst es und am Ende erwarten dich Geld und Ruhm.« Glückssuchende, die sich von dieser Versprechung locken lassen, wollen tief in ihrem Herzen Erfolg erlangen. Auf ihrem Weg sind sie darauf bedacht, sich selbst voranzubringen. Sie teilen die Menschen in *Nutzbringer* und in *Loser* ein. Mit den Nutzbringern werden sie gern gesehen, da sie sich dadurch ein persönliches Vorankommen erhoffen. Im

Kopf erklingt immer wieder die innere Stimme: »Sieh zu, dass du der Erste bist.«

Bekannte Marken üben eine große Faszination auf diese Glückssucher aus. Auch die Begegnung mit berühmten Persönlichkeiten, VIPs oder einflussreichen Managern bereitet ihnen innere Genugtuung. Zu diesen Kreisen möchten sie gehören. »Am Ende erwarten dich Geld und Ruhm.« Viele dieser Glückssucher schaffen es auch tatsächlich, in höhere berufliche Positionen zu gelangen.

Die Kategorie der Loser ist für jemanden auf diesem Pfad uninteressant, allenfalls nutzbar als Untergebener. Bringt dieser dann seine Leistung nicht, ist er austauschbar. Empathie und soziales Engagement sind hier eher Fremdworte oder werden allenfalls heuchlerisch für das eigene Fortkommen vorgetäuscht. »Kümmere dich nicht um andere.«

Zur Vervollständigung des Glücks auf diesem Weg gehört auch eine Familie, in der alle nach den gesetzten Regeln zu funktionieren haben. Solange dies der Fall ist, gibt es nur wenige Reibungspunkte und das Glück ist perfekt. Wenn allerdings irgendwann alle Ziele erreicht und die Kinder groß geworden sind, schleicht sich ganz unbemerkt eine gewisse innere Leere ein. Um diese zu überdecken, werden noch größere Anstrengungen unternommen, um das Bild vom Glück aufrechtzuerhalten. Es kann sich dabei eine gewisse Arroganz zeigen, die von eigenen Tiefpunkten ablenken soll: »Herr X bekommt aber auch nichts gebacken!«

Die Glückssucher auf dem *Ich bin der Beste*-Pfad bleiben meist sehr lange in dem Glauben, dass sie auf dem richtigen Weg sind. Es ist auch schwierig, hinter der äußeren perfekten Ummantelung den hohlen Kern wahrzunehmen.

Was steckt dahinter und wie wird es besser?

Die Glückssucher auf dem *Ich bin der Beste*-Pfad werden im psychologischen Fachjargon als die narzisstisch strukturierten Menschen bezeichnet. Sie gehen schon ihren Weg, allerdings häufig auf Kosten anderer. Da sie aber viele Bewunderer finden, die sich in ihrer Macht und Sonne wohlfühlen, sehen sie keinen Grund, sich zu hinterfragen. Fallen allerdings Ruhm und Reichtum weg, sind diese Menschen meist sehr allein – der einzige Pfeiler, auf dem ihr vermeintliches Glück aufgebaut war, ist eingestürzt. Ein Topmanager hat es, schwer krank auf der Intensivstation, sehr gut zusammengefasst: »Wissen Sie, früher saß ich immer in der ersten Reihe – jetzt muss ich meinen Stuhl selbst in die letzte Reihe tragen.«

Um einem Absturz vorzubeugen und ein dauerhaftes Glück zu erlangen, ist es für narzisstisch strukturierte Menschen sinnvoll, sich selbst immer wieder kritisch zu hinterfragen und offen auf die Mitmenschen zuzugehen. Zudem kann es ihnen helfen, ihre Empathiefähigkeit zu schulen.

Der *Das klappt doch nie*-Pfad

Glückssucher, die auf diesem Pfad unterwegs sind, lassen sich schnell entmutigen. Wie alle anderen Pfade hält auch dieser kleine Hindernisse und Überraschungen bereit, die mit Nachdenken, Disziplin und Mut in der Regel zu bewältigen sind. Doch so weit kommt es häufig gar nicht. Aus kleinen Hindernissen macht der Mensch auf diesem Pfad in der Fantasie große, die nach einer Weile des Verharrens unüberwindbar erscheinen. Ängste machen sich breit, die in der Extremform in heftige Panikattacken münden können.

Und dann passiert das Verrückte: Je mehr Ängste der Glückssucher hat, desto mehr heftige Überraschungen hat der Pfad zu bieten. Wenn mal gerade ein Hindernis mit aller Mühe und Kraftanstrengung überwunden ist, so lauert um die Ecke schon das nächste. Dann fühlt sich der Mensch auf diesem Weg bestätigt: »Siehst du, ich habe es dir ja gesagt, dass das nie gut gehen kann.«

Vor lauter Sorgen und Ängsten verringert sich die Energie des Glückssuchers und er neigt dazu, vorm Ziel aufzugeben und den Rückzug anzutreten – wenn er überhaupt losgegangen ist. Er gibt sich mit seinem bisherigen Streckenabschnitt zufrieden, wird aber dort nie wirklich glücklich werden. Das Geheimnis, aus diesem Irrweg einen Weg zu machen, ist ganz einfach: Wer innerlich mutig weitergeht und an sich selbst glaubt, dem zeigen sich häufig gar keine Hindernisse. Und wenn, kann er sie überwinden.

Was steckt dahinter und wie wird es besser?

Im psychologischen Fachjargon werden diese Glückssucher als ängstlich-vermeidend strukturierte Menschen bezeichnet. Vor lauter Sorge, dass etwas schiefgehen könnte, hemmen diese Menschen sich selbst. So wird ein größeres Ziel nahezu unerreichbar. Die Frustrationstoleranz ist nicht stark ausgeprägt und die Dinge oder Situationen werden in der Fantasie schlimmer ausgemalt, als sie sind. Sinnvoll für die ängstlich-vermeidend strukturierten Glückssucher ist es, die negativen Gedanken sein zu lassen und sich etwas mehr Mut anzutrainieren. Auch sollte die Frustrationstoleranz erheblich erweitert werden – es lohnt sich, einfach mal etwas zuzulassen, was man zunächst gar nicht mag. Damit wird der Pfad einfacher und dem Glück steht nicht mehr so viel im Wege.

Der *Bäumchen wechsel dich*-Pfad

Dieser Weg im Labyrinth des Glücks ist voller Verlockungen und Schönheiten. Er weckt Begehrlichkeiten, sich alles anzusehen, in die Hände zu nehmen und es zu besitzen. Glückssuchende, die auf diesem Pfad unterwegs sind, zeichnen sich durch Neugierde und Begeisterungsfähigkeit aus. Sie wollen die Welt entdecken und stolpern regelrecht von einer Verlockung in die nächste. Zunächst haben diese Glückssuchenden wirklich das Gefühl, es stünde ihnen die Welt und das große Glück offen.

Doch die ganze Sache hat einen Haken. Im Laufe dieses Pfades folgen die Verlockungen und die netten Begleiter immer schneller aufeinander und werden immer großartiger. Kaum hat der Glückssuchende einen Gegenstand in den Händen, so fängt er an zu zweifeln, ob nicht der nächste noch besser sein könnte. Wanderrucksack und Funktionskleidung, mit denen man sich auf seinem Lebensweg gerade erst ausgerüstet hat, werden immer wieder ausgewechselt. Kaum tritt Gewöhnung ein, hat dieser Glückssucher schon etwas Neues im Auge. Auch Wegbegleiter können rasch ausgetauscht werden, was den Nachteil hat, dass kein tiefes Vertrauen wachsen kann.

Dieses permanente Wechselspiel ist zwar auf der einen Seite interessant und schillernd, auf der anderen Seite kostet es unglaublich viel Energie, die dann für den wahren Glücksweg nicht mehr zur Verfügung steht. Der *Bäumchen wechsel dich*-Pfad spielt mit der Begeisterungsfähigkeit und dem Wunsch, das größte Glück zu finden. Am Ende ist alle Energie des Glückssuchenden verbraucht und die weiteren Verlockungen des Weges erscheinen fade und leer.

Was steckt dahinter und wie wird es besser?

Im psychologischen Fachjargon werden diese Glückssuchenden als ambivalent strukturiert bezeichnet. Sie sind hin- und hergerissen und können sich nur kurzfristig für eine Sache entscheiden. Bald sind sie im Zweifel, ob es nicht doch eine bessere Lösung, einen besseren Partner, eine bessere berufliche Position gibt. Durch den Reiz der permanenten Verlockungen und ihren inneren Zweifel an den eigenen Entscheidungen sind diese Glückssuchenden innerlich zerrissen. Das kostet eine beträchtliche Menge an Energie.

Wichtig ist für die ambivalent strukturierten Menschen, eine gute Balance zwischen Änderungsbereitschaft und Kontinuität zu finden. Für sie ist es von Vorteil, ihre Lebensumstände, Partner oder Gegenstände und Besitztümer kritisch zu betrachten und sich für eine Entscheidung mehr Zeit zu lassen. Auch sollten diese Menschen über kleine Unstimmigkeiten hinwegsehen lernen. Nichts ist perfekt, und man kann immer nur eine Sache zur selben Zeit machen.

Der *Das geht nur so*-Pfad

Dieser Weg im Labyrinth zum Glück ist den sehr perfektionistischen und sachlich denkenden Glückssuchern vorbehalten. Sie verbessern ihre Wandertechniken an jedem Hindernis neu. Vor jeder Etappe wird akribisch genau untersucht, ob wirklich alles an seiner vorgesehenen Stelle ist. Die Trinkflasche rechts, die Karte im Brustbeutel und der Wanderrucksack nach einer vorgegebenen Systematik gepackt. Die Strecken auf dem Pfad werden vorher genau studiert, alles soll nach Plan verlaufen. Dieser Glückssuchende legt einen minutiösen Zeitplan an, wann der Start und die Pausen sein sollen. Seine Essensrationen sind genau abgezählt und die Reaktionen auf eventuelle Hindernisse sind perfektionistisch eingeübt.

So ausgerüstet wähnt sich der Glückssuchende auf dem *Das geht nur so*-Pfad gegen alle Unwägbarkeiten gefeit und nah an seinem Glück. Lustvollen Verlockungen gegenüber ist dieser Typ immun. Statt den Milchkaffee in der Sonne zu genießen oder den kleinen Wasserfall als herrliche Dusche zu nutzen, geht er stetig nach seinem zuvor ausgetüftelten Plan vor. Begegnet er anderen Glückssuchenden, ist er eher zurückhaltend. Wenn die Sonne untergeht, ist das um punkt 21:00 Uhr, also nach Plan und genau richtig. Über schwärmerische und romantische Äußerungen über die Farbenpracht und die Spiegelung der Sonne im Meer kann dieser Glückssuchende nur den Kopf schütteln.

Spätestens gegen Ende wird ein solcher Pfad immer farbloser und grauer. Statt seine Energien freizusetzen und die Welt zu erkunden, steckt dieser Mensch seine Kräfte nur in weitere Pläne. Die freudigen Momente und nicht zuletzt auch die Wegbegleiter werden im Laufe der Zeit immer weniger.

Was steckt dahinter und wie wird es besser?

Die Glückssuchenden auf dem *Das geht nur so*-Pfad werden im psychologischen Fachjargon als die zwanghaft strukturierten Menschen bezeichnet. Ihnen ist zu eigen, dass sie alles perfekt machen möchten und meinen, dass das Leben einem vorgefertigten Plan zu folgen hat. Über maximale Kontrolle versuchen die zwanghaft strukturierten Menschen, eventuelle Schwierigkeiten nach einer angelernten Systematik zu beherrschen und so ihr Glück zu finden. Die Gefühlswelt und intuitive Handlungen sind diesen Menschen eher fremd. Ungeplantes macht ihnen Angst und Neues könnte gefährlich sein.

Wichtig für diese Menschen ist es, vorsichtig zu lernen, auch mal von Plänen abzuweichen und flexibler auf die Umstände zu reagieren. Sie brauchen Mut und eine innere Freude, um die Schönheit unbekannter Dinge zu entdecken.

Der *Nicht ohne dich*-Pfad

Diesen Weg kann der Glückssuchende nur mit einem Begleiter betreten. Alle Hindernisse müssen hier im Doppelpack gemeistert werden. Was auf den ersten Blick eigentlich sehr sinnvoll erscheint, kann mit der Zeit zum Problem werden. Es kann zum Beispiel sein, dass der Glückssuchende und sein Begleiter sich gar nicht so gut verstehen oder dass sie verschiedene Ansichten darüber haben, wie ein Hindernis zu bewältigen ist. Beide können sich so sehr daran gewöhnen, die Dinge gemeinsam zu machen, dass einer allein verloren ist. Und was, wenn einer unangenehme Eigenschaften entwickelt? Er schläft vielleicht zu lange, sodass das Tagespensum nicht mehr zu bewältigen ist. Oder er wird abends plötzlich sehr genussfreudig, spricht dem guten Essen und dem Wein über die Maßen zu – und ist am nächsten Tag nicht so aufmerksam, wie es der Glückssucher wünscht.

Ein Mensch, der so sehr daran gewöhnt ist, einen Begleiter zu haben, wird sich schwertun, allein weiterzugehen. Er bleibt auf dem *Nicht ohne dich*-Pfad. Es gäbe die Möglichkeit, sich einen neuen Begleiter zu wählen. Doch dann bekommt er es mit seiner Abhängigkeit und nicht selten auch mit emotionaler Erpressung vonseiten des ebenso abhängigen Begleiters zu tun. Dies kostet natürlich eine Menge Energie. Vor Erschöpfung läuft er dann Gefahr, sein eigenes Glück ganz aus den Augen zu verlieren.

Was steckt dahinter und wie wird es besser?

Im psychologischen Fachjargon werden die Glückssuchenden auf dem *Nicht ohne dich*-Pfad als abhängig strukturierte Menschen bezeichnet. Diese brauchen, um ihr Leben zu bewältigen, einen Begleiter, der leider häufig nicht gut gewählt ist. Vor lauter Angst, allein die Hindernisse des Lebens bewältigen zu müssen, sind die abhängig strukturierten Menschen sehr geduldig, die schlechten Eigenschaften eines Partners auszuhalten. Sie lassen sich häufig ausnutzen und bagatellisieren ein unschönes Verhalten des anderen, denn ihre Devise ist: »Lieber ein schlechter Begleiter als keiner.«

Sinnvoll für diese Menschen ist es, sich selbst mehr zuzutrauen und Stolz und Mut zu entwickeln. Hindernisse im Leben sind auch allein gut zu bewältigen. Wer das noch nicht erlebt hat, sollte es mit kleinen, ungefährlichen Erfahrungen versuchen – und so an Selbstvertrauen zulegen.

Alle Pfade im Überblick

Die folgende Tabelle zeigt Ihnen all die (S)trampelpfade der Glückssucher noch einmal im Überblick.

Pfade	Eigenschaften des Glückssuchers	Verbesserungspotenzial
Der *Ich helfe euch*-Pfad	– Hilfsbereitschaft – Gewissenhaftigkeit – Perfektionismus – hohes Verantwortungsgefühl – starke Einsatzbereitschaft bis zur eigenen Erschöpfung – sehr durchlässige persönliche Grenzen	– Nein sagen lernen – Grenzen setzen lernen – der eigenen inneren Stimme folgen – Schuldgefühle über Bord werfen – nicht auf emotionale Erpressungen hereinfallen

Pfade	Eigenschaften des Glückssuchers	Verbesserungspotenzial
Der *Ich bin der Beste*-Pfad	– klare Überzeugung, der Beste zu sein – großes Geschick, die Nutzbringer für das eigene Weiterkommen einzusetzen – Hinwegsetzen über die Bedürfnisse anderer, somit maximaler Energieeinsatz für die eigenen Fortschritte	– sich kritisch hinterfragen – andere Menschen empathisch wahrnehmen lernen – Fähigkeiten anderer Menschen schätzen lernen – anderen mehr Freiraum lassen
Der *Das klappt doch nie*-Pfad	– Fähigkeit zu einer kritischen Sichtweise – Akzeptanz von Altbewährtem – Zufriedenheit auch mit wenig Glück	– mehr Mut – weniger negative Gedanken – höhere Frustrationstoleranz entwickeln
Der Bäumchen wechsel dich-Pfad	– Neugierde und Begeisterungsfähigkeit – großes Energiepotenzial – schillernde Lebensführung – Suche nach dem großen Glück	– bessere Balance zwischen Änderungsbereitschaft und Kontinuität – kritischere Betrachtung von Dingen und Wegbegleitern – mehr Toleranz gegenüber kleinen Unstimmigkeiten
Der *Das geht nur so*-Pfad	– Perfektionismus – sachliches Denkvermögen – planerisches Denken	– auch mal mit 80 Prozent zufrieden sein – gute Balance zwischen Planung und Flexibilität finden – mehr genießen – mehr innere Freude entwickeln

Pfade	Eigenschaften des Glückssuchers	Verbesserungspotenzial
Der *Nicht ohne dich*-Pfad	– Geduld gegenüber Fehlern anderer – Anspruchslosigkeit bezüglich eigener Bedürfnisse, somit ein unkomplizierter Gefährte – Abhängigkeit von der Anwesenheit eines anderen Menschen	– mehr Stolz und Mut entwickeln – Zutrauen in die eigenen Fähigkeiten stärken – mehr für sich einfordern – Begleiter auch kritisch betrachten lernen

Übung: Lernen Sie Ihre (S)trampelpfade kennen

Reflektieren Sie für sich anhand der Tabelle, auf welchen Pfaden Sie schon unterwegs waren oder derzeit sind. Machen Sie sich einige Gedanken über Ihr persönliches Verbesserungspotenzial und schreiben Sie sich die wesentlichen Punkte auf, um sie in der nächsten Zeit im Auge zu behalten.

In diesem Kapitel haben wir Sie bewusst darauf aufmerksam gemacht, auf welchen Pfaden Sie möglicherweise versuchen oder schon früher versucht haben, Ihr Glück zu finden. Vielleicht sind Ihnen dadurch manche Mechanismen, die in Ihrem Leben greifen, bewusst geworden. Dadurch können Sie feststellen, ob Sie sich noch auf dem Glückspfad oder bereits im Labyrinth des Irrglücks befinden. Da jeder Mensch einzigartig ist, wird auch jeder seinen eigenen Glückspfad haben. Um einige Stolperfallen oder Enttäuschungen zu vermeiden, haben wir Ihnen die möglichen

Verbesserungspotenziale zusammengestellt. Sicher konnten Sie sich in einigen der aufgeführten Eigenschaften wiederentdecken. Überlegen Sie selbst, wie Sie gern unterwegs sein wollen und was Ihnen Zufriedenheit bringt. Einen goldenen Weg für alle wird es nicht geben, einen für Sie persönlich können Sie aber durchaus entwickeln.

Wie voll ist Ihre Lebensbatterie?

Um das Leben mit all seinen Anforderungen, Freuden, aber auch kräftezehrenden Phasen gut meistern zu können, müssen wir unsere Lebensenergie gut einteilen. Wir sollten immer unsere individuellen Energiereserven im Blick behalten, ähnlich wie die Tankanzeige beim Auto. Wir haben alle 100 Prozent Energie, die wir auf die verschiedenen Lebensbereiche und Tätigkeiten aufteilen können – nicht mehr und nicht weniger. Was verbraucht ist, muss nachgefüllt werden, ebenfalls wie beim Auto.

Stellen Sie sich vor, Sie haben einen wertvollen Wagen, mit dem Sie durch Ihr Leben reisen. Was passiert, wenn Sie niemals anhalten und Ihr Auto nicht wieder betanken? Es bleibt einfach stehen! Im eigenen Leben herrscht häufig die Vorstellung, dass wir nicht anhalten und tanken müssen – etwas wird doch noch gehen! (Auf)tanken? Reine Zeitverschwendung.

Viele Beispiele aus der Praxis zeigen, dass die meisten ihre Batteriereserven erheblich falsch einschätzen. Manche Menschen schonen die eigenen Energien zu sehr, viele sind allerdings auch regelrechte Energieverschwender. Das Leben wird erstürmt, und in der Mitte kommt der große Einbruch: die Midlife-Crisis. Plötzlich erleben die Betroffenen, dass sie erschöpft sind, an Schlafstörungen leiden und schon lange keine Freude mehr erlebt haben. In der Sturmphase scheinen viele Menschen taub für Frühwarnsysteme ihres Körpers oder der Umgebung zu sein. Hinweise werden in den Wind geschlagen, die Verdauungs-, Schlaf- oder Konzentrationsprobleme mit Medikamenten beseitigt. Innere Überzeugungen können uns wie ein Motor antreiben, Höchstleistungen zu vollbringen: »Du musst der Beste sein«, »Du musst immer perfekt sein« – aber auftanken lassen sie uns nicht.

Stellen Sie sich vor, es steht Ihnen genau eine Batterie in Ihrem Leben zur Verfügung. Sie ist zum Zeitpunkt der Geburt zu vielleicht 70 Prozent geladen und kann während der Kindheit durch Lernen, Fühlen, Begreifen und die Ausbildung eigener Fähigkeiten weiter aufgefüllt werden. Einschränkend muss gesagt werden, dass die Umstände so mancher Kindheit es leider erschweren, die Batterie zu füllen, mangelnde Unterstützung, zu wenig emotionale Zuwendung oder geringe Bildungsmöglichkeiten sind nicht die optimalen Voraussetzungen.

Als Erwachsener haben Sie nun eine Batterie mit einem gewissen Füllstand. Diese Batterie entleert sich im Laufe Ihres Lebens und muss immer wieder aufgeladen werden. Dabei ist es ganz natürlich, dass ihr Durchschnittsfüllstand mit zunehmendem Alter immer geringer ist.

Die folgende Übung ermöglicht Ihnen, den derzeitigen Ladezustand Ihrer Lebensbatterie zu bestimmen.

Übung: Bestimmen Sie den Ladezustand Ihrer Lebensbatterie

Überlegen Sie, wofür Sie Ihre Lebensenergie bisher investiert haben – beispielsweise in Ihre Ausbildung, in Umzüge, Partnerschaften, Kinder, Pflege der Eltern oder was auch immer. Notieren Sie auch, was Ihnen die Energie regelrecht raubt. Schreiben Sie all diese Bereiche in die linke Spalte der folgenden Tabelle.

Im zweiten Schritt schreiben Sie sich auf, wodurch sich Ihre Lebensbatterie wieder auffüllen lässt. Was funktioniert bei Ihnen am besten, gute Musik, Sport, Humor, ein gutes Gespräch? Notieren Sie diese Dinge in der rechten Spalte.

Verbrauch der Lebensenergie durch:	Laden der Batterie durch:
–	–
–	–
–	–
–	–
–	–
–	–
–	–
–	–
–	–

Schauen Sie sich beide Spalten an. Wie sieht Ihre Energiebilanz aus? Verbrauchen Sie mehr Energie, als Sie wieder aufladen können? Oder tanken Sie immer ordentlich nach?

Sie werden beim Vergleich beider Spalten vielleicht bemerken, dass Menschen oder Ereignisse, denen Sie mit Freude begegnen und bei denen Sie sich erfüllt fühlen, Ihnen Energie geben. Dinge, die Sie etwas zögerlich erledigen, oder Menschen, die bei Ihnen eher ein Gefühl der Abneigung hervorrufen, verbrauchen Ihre Energie.

Wenn Patienten in der Praxis nach Ihrer Lebensenergie befragt werden, kommen häufig folgende Antworten:

- »Ich war immer mit Volldampf unterwegs und merke jetzt erst, wie erschöpft ich bin.«
- »Meine Energie habe ich komplett in meine Kinder und meine Ehe gesteckt. Für mich blieb da kaum etwas übrig.«
- »Ich bin jeden Tag vor meinen Angestellten um 7:30 Uhr in der Firma. Ein Mittagessen gönne ich mir nicht und im Urlaub bin ich für Notfälle immer erreichbar. Seit einigen Jahren nehme ich Antidepressiva, die haben gegen meinen Schwindel geholfen.«

Als Energiequellen nennen die meisten Phasen der Ruhe, Meditation, Entspannung, Wanderungen, Hobbys, angenehme Begegnungen, gute Gespräche mit Freunden, Bücher und Ähnliches.

Was wir an dieser Stelle nicht unerwähnt lassen möchten, sind die meist nicht als solche erkannten Energiekiller, mit denen wir uns selbst schaden können: Manche betäuben ihren Frust mit Alkohol, ernähren sich völlig ungesund oder meiden jede Bewegung oder Anstrengung. Auch wer nur an wenigen Dingen Interesse zeigt und soziale Kontakte meidet, beraubt sich wertvoller Energiequellen.

Wichtige Fragen zum persönlichen Energiehaushalt

Angeregt durch diese Gedanken stellt sich nun die Frage, wie Sie Ihre Lebensenergie sinnvoll nutzen und Ihre Batterien immer wieder weitestgehend auffüllen können. Dafür haben wir Ihnen einige Fragen zusammengestellt, die Sie sich immer wieder stellen sollten. Dazu gibt es anschauliche Beispiele aus unserer täglichen Beratungspraxis oder aus dem Alltag, und es werden Lösungsmöglichkeiten vorgeschlagen.

Gehen Sie diese Fragen durch und überlegen Sie für sich, auf welche Situationen in Ihrem Leben Sie sie anwenden können. Gerade wenn Sie einmal sehr eingespannt sind, neue Projekte angehen wollen oder sich überfordert und energielos fühlen, lohnt es sich, wenn Sie diese Punkte genauer betrachten – und Ihre Schlüsse ziehen.

Ist zurzeit überhaupt Energie (dafür) da?

Um unnötige Energieverluste zu vermeiden, hilft es, sich vor einer Aktion intensiv zu befragen, ob gerade genug Energie dafür vorhanden ist. Nur in völligen Ausnahme- und Notfallsituationen sollten Sie zulassen, mehr Energie zu verbrauchen, als eigentlich vorhanden ist. Meist kann man in solchen Momenten wirklich schier unglaubliche Reserven mobilisieren, das aber geht nur für eine bestimmte Zeit. Um die eigene Lebensenergie möglichst sparend zu verwenden, ist es sinnvoll, einen günstigen Zeitpunkt für Veränderungen oder neue Vorhaben abzupassen. Manchmal kann etwas Geduld und Achtsamkeit auf das eigene Bauchgefühl nicht nur Energie, sondern auch viel Geld sparen.

Ein konkretes Beispiel:

Frau X., 43 Jahre, kommt erschöpft zur Beratung. Sie fühlt sich emotional sehr wackelig, weint schnell, ist aggressiv gegenüber ihren Mitarbeitern und hat keine Lust mehr, frühmorgens aufzustehen. Sie fühlt sich zugleich verantwortlich für ihre Aufgaben im Beruf und arbeitet mindestens zwölf Stunden am Tag. Einen körperlichen Ausgleich pflegt sie schon länger nicht mehr. Außerdem hat sie häufig Streit mit den Vermietern, sodass sie gern umziehen möchte.

Lösungsmöglichkeit:
Zunächst gilt es, nach den Ursachen der Erschöpfung schauen. Die Grundprobleme müssen als Erstes gelöst werden. Oberste Priorität in einem solchen Fall: Die Batterie muss wieder aufgefüllt werden. Frau X. muss sich dringend fürsorglich um sich selbst kümmern, bevor wieder Energie für neue Baustellen aufgewendet werden kann. Das heißt, dass an den Umzug erst zu einem späteren Zeitpunkt gedacht werden sollte.

Habe ich Energevampire in meinem Umfeld?

Eine weitere Überlegung, wenn die Lebensenergie knapp scheint, betrifft den Umgang mit anderen Menschen. Haben Sie auch schon einmal festgestellt, dass manche Telefonate oder Begegnungen einem praktisch jede Energie rauben? Kennen Sie das innere Augenverdrehen, wenn Tante Lisa anruft? Lassen Sie sich manchmal vor anderen verleugnen oder benutzen Sie kleine Notlügen, um Herrn Meier nicht treffen zu müssen? Energievampire saugen andere Menschen aus und kennen genau die verwundbaren Stellen ihrer Opfer. Oft sind es Leute, die einem stundenlang von ihren Problemen erzählen und einen in einen Strudel von negativen Meldungen hineinzuziehen versuchen. Oder solche, die andere unterschwellig gern zu ihren Knechten machen. Aber auch Chefs können zu Vampiren werden, wenn sie von ihren Mitarbeitern über das gesunde Maß hinaus Leistungen verlangen.

Ein paar konkrete Beispiele:
»Frau Schulz, können Sie bitte dieses Manuskript heute noch fertigstellen? Keiner macht das so gut wie Sie!« Achtung, Falle: Durch die Anerkennung, man könnte auch Schmeichelei sagen, wird dem Opfer die Möglichkeit genommen, Nein zu sagen.

»Ich habe keine Ahnung, wie ich die Theaterkarten bestellen soll!« Achtung, Falle: Die vorgeschobene Hilflosigkeit des Vampirs aktiviert das Opfer.

»Also, wenn du deiner Mutter am Wochenende nicht hilfst, dann zeigst du mal wieder keine Dankbarkeit! Sie hat so viel für dich getan.« Oder auch: »Immer muss ich dich darum bitten, niemals fällt dir von allein auf, dass die Spülmaschine ausgeräumt werden muss.« Achtung, Falle: Der Vampir redet seinem Opfer Schuldgefühle ein, dazu nutzt er gern auch Verallgemeinerungen.

»Der Kaffee ist alle!« Achtung, Falle: Energievampire verwenden gern versteckte Appelle, hinter der Aussage versteckt sich die Aufforderung: »Hol neuen Kaffee!«

Lösungsmöglichkeit:
Überdenken Sie in menschlichen Begegnungen gut, welches wahre Ziel Ihr Gegenüber verfolgt, und werden Sie sich Ihrer eigenen verwundbaren Stellen bewusst. So können Sie sich besser schützen und den Energieräubern frühzeitig in die Parade fahren.

Was ist meine Motivation?

Bevor Sie voller Elan die nächste Aktion in Angriff nehmen, stellen Sie sich bitte folgende Fragen: Was habe ich von dieser Aktion? Aus welcher Motivation heraus mache ich das Ganze?

Vielleicht geben Sie sich dann folgende Antworten: Spaß, mehr Geld, Entspannung, neue Freunde, wichtige Kontakte, Sinngebung, Abarbeitung einer Pflicht, besserer Durchblick, Sauberkeit, Ordnung, nachhaltige Zufriedenheit, soziales Engagement, Erfüllung des Generationenvertrages, Einhaltung einer Verantwortung, Weiterbildung …

Wenn Sie zu dem ehrlichen Schluss kommen, dass Ihre Motivation nicht eindeutig oder sogar nicht richtig ist, dann sollten Sie ernsthaft überlegen, das Vorhaben abzublasen oder zu verschieben. Ausgenommen sind wieder Notfallsituationen, in denen vielleicht der Vorteil überwiegend aufseiten des anderen liegen kann, der beispielsweise während einer Erkrankung Unterstützung braucht.

Ein konkretes Beispiel:
Eine 70-jährige sehr agile Frau möchte die Beziehung zu ihrem Mann verbessern, mit dem sie in zweiter Ehe seit 20 Jahren verheiratet ist. Da sie sich ständig wegen Kleinigkeiten heftig streiten, ist sie bereit, Energie dafür aufzubringen, um wieder eine harmonische Partnerschaft zu erleben. Dies ist ihre Motivation.

Lösungsmöglichkeit:
Auch bei genauerer Prüfung erwies sich die Motivation der Frau als richtig und sinnvoll. Also wurde sie aktiv und konnte auch ihren Mann davon überzeugen, dass etwas getan werden musste. Beide gingen nun regelmäßig gemeinsam zu einer Paarberatung und lernten, in der Kommunikation vernünftige Regeln anzuwenden. Sie blieben konsequent dran, den anderen besser zu verstehen, und lernten ihre eigenen Bedürfnisse besser kennen. Das alles führte zu mehr Toleranz und nach einem Jahr schließlich auch zu einer deutlich angenehmeren Beziehung.

Wie ist die Relation von Aufwand und Nutzen?
Um Lebensenergie zu sparen, ist es sinnvoll, sich vor einer Aktion Gedanken darüber zu machen, ob das Ergebnis in irgendeiner vernünftigen Relation zur eingebrachten Energie steht. Wiederum gilt, dass wir in Ausnahmesituationen oftmals deutlich mehr Energie verbrauchen müssen. Aber in alltäglichen Situationen sollten wir nachhaltig mit uns umgehen.

Ein konkretes Beispiel:
Eine 45-jährige Frau, die sehr unruhig und erschöpft wirkt, kommt zur Beratung und beschreibt das Ende ihrer 20 Jahre währenden Ehe. Sie habe all ihre Energie in dieser Beziehung verbraucht. Eine Trennung (inklusive Auszug aus dem gemeinsamen Heim, Regelung bezüglich der Kinder (16 und 19 Jahre) und Gestaltung eines neuen Lebensplanes) werde sie viel Energie kosten, aber ein anderer Weg, so sagt sie, sei nicht mehr denkbar.

Lösungsmöglichkeit:
Da die Fortführung der Ehe glaubhaft und wohlüberlegt keinen Sinn mehr macht, ist in dieser Situation eine Aufwendung an zusätzlicher Lebensenergie sinnvoll. Es müssen zuerst all die äußeren Bedingungen, also Wohnsituation, finanzielle Versorgung, verantwortungsvoller Umgang mit den Kindern, geklärt werden, da die Frau erst danach wieder die Chance hat, ihre Energiereserven aufzufüllen. Bleiben wir zu lange in emotional nicht tragbaren Situationen, geht ein erhebliches Maß an Lebensenergie verloren, eine innere Leere und Mutlosigkeit kann die Folge sein. Besser ist es, sich für eine Phase der intensiven Anstrengung aufzuraffen – allein die Aussicht, dass sich dadurch die Umstände nachhaltig verbessern können, setzt schon wieder Energien frei.

Kann ich andere einbinden?

Wenn eine Aktion bevorsteht, starten Sie nicht gleich, sondern überlegen Sie zuerst in Ruhe, ob diese Aufgabe auch von jemand anderem übernommen werden könnte. Vielleicht wäre es auch möglich, jemand stückweise einzubinden. Sie müssen nicht immer alles allein machen! Suchen Sie sich Verbündete, Mitstreiter oder Ratgeber, die Ihnen vielleicht einige Steine aus dem Weg räumen oder Sie über schwierige Passagen tragen können. Wenn schon keine Mithelfer da sind, so gibt es vielleicht entlastende Mitwisser. Manche Dinge müssen wir allein machen, aber es sind in der Regel viel weniger, als wir denken.

Ein konkretes Beispiel:
Eine Frau Mitte 40, alleinerziehende Mutter von zwei fast erwachsenen Kindern, kommt zur Beratung, da ihre Mutter Alzheimer bekommen hat und sie jetzt zusätzlich zu ihrem Beruf und ihrem Drei-Personen-Haushalt den Haushalt der Eltern versorgen muss. Der Umgang mit ihrer Mutter gestaltet sich schwierig, da diese vieles nicht mehr wahrnehmen oder erinnern kann. Der Vater ist allein nicht in der Lage, diese Situation zu bewältigen. Die Klientin selber ist sehr erschöpft und leidet unter starken Gewichtsschwankungen.

Lösungsmöglichkeit:
Die Situation muss genauer untersucht werden. Wo bürdet sich die Frau mehr auf, als nötig wäre? Zum einen wird deutlich, dass die fast erwachsenen Söhne sehr wenig in den Haushalt eingebunden sind. Sie genießen das »Hotel Mama« und bringen kaum eigene Energie in die Gemeinschaft ein. Die Klientin hat zudem einen Bruder,

der nun nach und nach mit für die Betreuung der Eltern sorgen wird. Für die nahe Zukunft wird ein guter Heimplatz für die Mutter gesucht, da sie geistig rapide abbaut und von der eigenen Familie auf Dauer nicht ausreichend versorgt werden kann. Derweil arbeiten wir mit der Frau daran, ihre Schuldgefühle (»Ich muss doch für andere da sein!«) zu reduzieren.

Selbstfürsorge an der Batterieaufladestation

Wir haben uns nun viele Möglichkeiten angesehen, wie sich Energie einsparen lässt – verbraucht wird sie natürlich trotzdem. Einer der wichtigsten Punkte, um nachhaltig und möglichst lange ausreichend Lebensenergie zur Verfügung zu haben, sind unsere Aufladestationen. Sie sollten unbedingt wissen, wie und wo Sie Ihre Batterien wieder aufladen können. Die Ladestationen sind individuell und sehr unterschiedlich: Es kann das Joggen im Wald, der Gesangsunterricht, das Treffen mit guten Freunden, der gemütliche Abend am Kamin, der Spaziergang mit dem Hund, die Abenteuerexpedition, der kleine Cappuccino im Café oder der Saunabesuch sein. Und natürlich kann sich die persönliche Liste im Laufe des Lebens auch wandeln. Sie sollten also flexibel und aufmerksam sich selbst gegenüber bleiben.

Auch unabhängig von den direkten Aufladequellen sollten Sie darauf achten, für sich selbst in Ihrem Leben gut zu sorgen. Häufig wird dieser Aspekt vernachlässigt, und das zeigt sich manchmal in ganz kleinen Dingen: unregelmäßiges und ungesundes Essen, keine Entspannungsphasen, Terror durch das Handy, hoher Fernsehkonsum, lieblos eingerichtete Zimmer und so weiter. Wer schlecht mit sich selbst umgeht, verliert Energie und nutzt auch kaum die Möglichkeiten, die

Batterien wieder ausreichend aufzuladen. Genau da beginnt die Eigenverantwortung.

Machen Sie sich für sich selbst verantwortlich. Ihnen steht eine Lebensbatterie zur Verfügung, deren Energie Sie sorgsam verwenden sollten. Sind Sie häufig wie mit Starkstrom unterwegs, brauchen Sie auf der anderen Seite natürlich mehrere gut funktionierende Aufladestationen. Es sind also zwei Seiten, die Beachtung brauchen: Überlegen Sie sich genau und gut, wofür Sie Ihre Energie ausgeben und in Zukunft ausgeben möchten. Und nutzen Sie auf der anderen Seite alle Möglichkeiten, wieder Energie zu tanken – genussvoll und entspannt.

Mit Vollgas in den Burnout?

Glück und Burnout – das passt natürlich nicht zusammen. Da diese Art krankhafter Überlastungszustand aber heute immer mehr Menschen, Alters- und Berufsgruppen trifft, wollen wir sie uns genauer ansehen – damit Sie früh einschätzen lernen, ob Anzeichen davon Ihrem Glück im Weg stehen. Zum Einstieg in das Thema ein innerer Dialog:

Der Wecker klingelt. 6:30 Uhr. »Oh nein, muss ich wirklich schon wieder aufstehen? Ist es schon so spät? Was ist heute für ein Tag? Ach, Mittwoch … Mittwoch? Ich muss heute so viele Angebote wegschicken! Dann ist um 14 Uhr die Vorstandskonferenz. Für meine Freundin brauche ich noch ein Geschenk, und halt – die Bluse ist noch in der Reinigung. Das Auto müsste ich auch mal wieder durch die Waschanlage fahren, wenn mich damit jemand sieht … Und die Brunners kommen heute Abend zu Besuch. Ich habe keine Ahnung, wann ich den Einkauf dafür machen soll, und erst das Kochen …«

Stressoren im Alltag

Wer kennt diesen Dialog mit sich selbst nicht? Viele nervige Kleinigkeiten, die sich im Laufe des Tages summieren, wachsender Zeitdruck, ein voller Terminkalender und die Familie, die auch organisiert werden will. Diese Stressoren setzen uns ganz schön unter Druck und fordern viel Energie von uns.

In der modernen Stressforschung wird immer deutlicher, dass es nicht allein schwere Belastungszeiten oder schlimme Verlustereignisse sind, die eine Bedeutung für unser Wohlbefinden oder das Entstehen von Krankheiten und psychischen Beeinträchtigungen haben. Zu solchen größeren Lebensereignissen zählen zum Beispiel Trennung von einem Partner, Umzug mit Wohnortwechsel, Stellenwechsel, schwere Krankheit, aber auch Heirat oder Geburt. Diese Situationen können zu einer erheblichen Veränderung der Lebensumstände führen, sodass eine gute seelische und psychische Anpassungsleistung gefordert ist. In der Regel braucht es ungefähr ein Jahr, bis ein solch großes Lebensereignis komplett verarbeitet ist. Hilfreich dabei sind Freunde, familiäre Unterstützung und nicht zuletzt der innere Wunsch nach Veränderung. Geschehen sie in unserem Leben nämlich gänzlich unerwartet und gegen unseren Willen, kann uns das vollkommen aus dem Gleichgewicht bringen.

Meist sind es allerdings nicht die großen Veränderungen, sondern die täglichen Mikrobelastungen, die zu einem Burnout, diesem Ausgebranntsein, führen können. Die vielen kleinen Dinge des Alltags werden dann zu Stressoren, sie summieren sich gerade dann zu schwerwiegenden Problemen, wenn keine geeigneten Möglichkeiten zur grundlegenden Entlastung, kein guter Ausgleich oder eine effiziente Lösung für anfallende Probleme gefunden werden können. Dies führt zu einem Gefühl der Hilflosigkeit und des mangelnden Selbstvertrauens. Fehler schleichen sich ein, die Merkfähigkeit lässt nach und vielleicht zeigen sich auch körperliche Symptome wie Kopfschmerzen, Magenschmerzen, Übelkeit oder Verdauungsstörungen. In einer Abwärtsspirale kann es bis hin zu Depressionen oder zur Selbstaufgabe gehen.

Zu den vielen Aufgaben, die jemand vor sich sieht, kommen natürlich immer die kleinen Unwägbarkeiten oder Unannehmlichkeiten des Alltags hinzu. Tägliche kleine Streitigkeiten in der Familie, zu spät kommende öffentliche Verkehrsmittel, ein langsamer Traktor auf der Landstraße, der Großeinkauf am Samstag im übervollen Supermarkt oder das sonntägliche Gespräch mit der Schwiegermutter können dann das Fass zum Überlaufen bringen.

Es sind alltägliche Dinge, die uns zu schaffen machen können. Damit hat heute fast jeder zu kämpfen. Doch aus den Erfahrungen der Praxis kennen wir Menschen, die sich wirklich zu viel Pensum pro Tag aufhalsen, alles perfekt machen müssen oder sich für alles verantwortlich fühlen. Dabei entsteht ein inneres Gefühl der Überforderung und der Ungerechtigkeit. Am Ende des Tages bleibt wenig Freude übrig. Jeder kann sich leicht vorstellen, dass dieser Mechanismus in wenigen Jahren zu Dauerstress und damit zum Burnout führen kann.

Häufig handelt es sich bei den Mikrostressoren um nicht lösbare zwischenmenschliche Probleme, die immer wieder zu kleineren Auseinandersetzungen führen, um Mängel in der Organisation und der Einteilung von Aufgaben, um das Gefühl der Sinnlosigkeit oder auch der Langeweile und Unterforderung. Auch lang unterdrückte Bedürfnisse können erhebliche Stressoren sein. Nicht immer muss also ein Zuviel an Arbeit oder Belastungen die Ursache sein, manchmal löst auch ein Zuwenig oder ein Nicht-am-richtigen-Ort-Sein die Symptome der Stressreaktionen aus.

Anzeichen von Stress

Körperlich gesehen ist die Stressreaktion eine fein abgestimmte Nachricht, bei der Nervenimpulse gemeinsam mit zahlreichen Hormonen in einem Bruchteil von Sekunden wichtige Botschaften bis in alle Regionen des Körpers tragen. Zunächst läuft die Alarmreaktion ab, die dem Körper Energie bereitstellt, die er für die erwartete Auseinandersetzung braucht. Parallel dazu starten die Anpassungsreaktionen, das Hormon Cortisol wird ausgeschüttet und setzt seine zunächst stärkende und zudem entzündungshemmende Wirkung frei. Solche Alarm- und Anpassungsreaktionen kennen wir alle, wenn wir zum Beispiel in ein Bewerbungsgespräch gehen. Wir sind auf den Punkt konzentriert, etwas angespannt, aber bereit, Höchstleistungen zu bringen. Stress ist also zunächst nicht schädlich, sondern sogar hilfreich. Nur bei zu viel und zu lange andauernden stressauslösenden Reizen, wie es in unserem modernen Leben häufig der Fall ist, kann er zu beeinträchtigenden körperlichen und seelischen Reaktionen bis hin zu Krankheiten führen.

Auf Stresssituationen können wir auf vier Ebenen reagieren: der gedanklichen, der emotionalen, der vegetativen Ebene und der muskulären. Nachfolgend finden Sie die vier Ebenen der Stressreaktionen zusammengefasst:

Die gedankliche Ebene (Kognition)

Wenn über viele Jahre jeden Tag Mikrostressoren auf uns einwirken, kann dies unsere gedankliche Ebene beeinträchtigen. Wer kennt das nicht, dass er unter hoher Anspannung schon einmal seine Schlüssel vergessen hat? Es gibt die typischen Tage, die wie Freitag der 13. wirken. Alles geht schief: Die Katze ist weggelaufen, die Tochter kommt mit einer schlechten Schulnote nach Hause, die Freundin ruft an, dass sie doch nicht beim Kindergeburtstag helfen kann, und der Chef hat einen Riesenstapel Arbeit an Sie delegiert. Auf der gedanklichen Ebene kommt es bei einer solchen Häufung von anfordernden Situationen zu verschiedenen Phänomenen, die das Gefühl, gestresst zu sein und es nicht mehr im Griff zu haben, natürlich noch verstärken:

- Leere im Kopf
- Denkblockaden
- Konzentrationsmangel
- brüchiges Kurzzeitgedächtnis
- Gedankenkreiseln
- Gedankliches Wiederkäuen negativer Überzeugungen: »Das schaffe ich nie …«

Die emotionale Ebene

Über lange Zeit einwirkende Mikrostressoren beeinträchtigen nicht nur die gedankliche, sondern auch die emotionale Ebene. Unter Dauerstress sind wir deutlich gereizter, und wir lassen uns durch Kleinigkeiten aus der Fassung bringen. Vielleicht haben Sie sich schon dabei ertappt, dass Sie Ihren Partner wegen einer Lappalie angebrüllt haben. Auf der emotionalen Ebene können sich folgende Symptome bemerkbar machen:

- Angstgefühle, Panikgefühle
- Zweifel an sich selbst
- Wut und Aggressionen
- starke Frustration und Gereiztheit
- Mutlosigkeit
- Gefühl der emotionalen Leere und Starrheit
- Resignation
- fehlende Empathie für die Bedürfnisse anderer Menschen

Die vegetativ-hormonelle Ebene

Unter Dauerstress macht sich unser Körper deutlich bemerkbar. Die Stresshormone und das Cortisol sind deutlich erhöht, sie haben Auswirkungen auf unser gesamtes Hormonsystem und auf die fein abgestimmten Organfunktionen. »Mir schlägt etwas auf den Magen«, sagt ein Sprichwort und beschreibt diese Zusammenhänge damit sehr gut. Folgende Symptome zählen zu den vegetativ-hormonellen Beeinträchtigungen durch Stress:

- schlechter Schlaf, Schlaflosigkeit
- permanentes Erschöpfungsgefühl, Müdigkeit
- herabgesetzte Belastbarkeit im Alltag
- Nervosität und Anspannung
- vermindertes Interesse an Sex
- Magenbeschwerden
- Veränderungen des Blutdrucks
- Herzrasen, Herzstolpern
- Veränderungen an der Haut
- kalte Extremitäten
- zunehmende Menstruationsbeschwerden
- Zunahme von chronischen Schmerzen
- Beeinträchtigung von Organfunktionen, beispielsweise der Verdauung und der Atmung

Die muskuläre Ebene

Unter Dauerstress verändert sich der Tonus unserer Muskulatur. Meist erhöht sich dauerhaft die Spannung, sodass sich die Muskulatur verkrampft. In der Folge dieser permanent angespannten Haltung kann es dann beispielsweise zu Bandscheibenvorfällen kommen. Meist wird die erhöhte Körperspannung vom Betroffenen nicht bemerkt, sodass sich ebensolche Folgeerkrankungen einschleichen können. Folgende Symptome sind diesem Bereich zuzuordnen:

- starre Mimik
- nervöses Fingertrommeln
- Aufreißen der Haut an den Fingernägeln
- nervöse Gestik
- Stottern
- Spannungskopfschmerz durch verspannten Nacken
- Rückenschmerzen
- Muskelkrämpfe
- starres Gangbild

Stressoren am Arbeitsplatz

Stress am Arbeitsplatz ist am Ende teuer für alle. Wenn die Anforderungen und der Druck zu groß werden, sind Nervosität, Ermüdung, Ängste und Depressionen längerfristig vorprogrammiert. Und natürlich lassen dann auch Produktivität und Kreativität erheblich nach. Fehlzeiten und Krankheit kosten die Firmen, aber auch das Gesundheitswesen beträchtliche Summen. Vom Stress am Arbeitsplatz sind nach Schätzungen der Europäischen Agentur für Sicherheit und Gesundheitsschutz am Arbeitsplatz 40 Millionen Europäer betroffen. Die Auswirkungen der Mikrotraumen auf unseren Körper sind erheblich: 16 Prozent der Herz-Kreislauf-Erkrankungen bei Männern und 22 Prozent bei Frauen sind diesen Schätzungen zufolge auf Stress am Arbeitsplatz zurückzuführen. Etwa 10 000 Herzinfarkte könnten jährlich durch Stressprävention vermieden werden.

Stress hat ein Janusgesicht. Er hilft uns, unser Verhalten an die neue Arbeitswelt anzupassen, die heute einem raschen Wandel unterliegt. Und er hilft uns auch, Neues zu erlernen – unser Körper ist bereit zum Handeln, unser Geist ist wach, wir stellen uns der Herausforderung. Ohne Stress also kein Leben. Aber was, wenn die Herausforderung zu groß ist, wenn sie schon auf den ersten Blick als unschaffbar erscheint, wenn das Schuften und Kämpfen zu lange andauert? Dann zeigt sich die andere, dunkle Seite des Stresses: Überforderung, Erschöpfung, Angst, Zweifel, Aggression und Krankheit.

Es ist also nicht so, dass ein Leben oder eine Arbeit ganz ohne Stress und Herausforderungen wünschenswert wäre. Was aber jeder Mensch unter einem Zuviel oder Zuwenig versteht, kann erheblich variieren. Eine Varianz zeigen auch die Faktoren, die bei uns Stressreaktionen auslösen können. So empfindet der eine die neue Aufgabe im Büro als Stress, der andere als freudige Herausforderung, während ihn Unordnung, Unpünktlichkeit oder das Reden vor einem Publikum stressen würden.

Folgende Faktoren können neben der alltäglichen Arbeitsanforderung und Routine zu einer erhöhten seelischen Belastung führen:

- ungenaue Anweisungen oder Vorgaben
- mangelnde Information und Beteiligung an Aufgabenstellungen
- viele Störungen (Telefonate, ständiges Türöffnen)
- Zeitdruck
- Konflikte mit Kollegen und Vorgesetzten
- unbegründete Kritik
- Ausgrenzung aus einer Gemeinschaft, Isolation
- Konkurrenzkampf
- Angst vor Arbeitslosigkeit

- langweilige Aufgaben, Monotonie
- Schichtarbeit oder ungünstige Arbeitszeiten

Ein konkretes Beispiel
Eine betroffene Frau, 45 Jahre, verheiratet, zwei Kinder: »Bei der Arbeit bin ich entweder sofort aggressiv oder fange an zu weinen, weil ich jedes Wort als persönlichen Angriff verstehe. Ich versuche mich immer zusammenzureißen, manchmal gelingt es mir aber nicht. Die Kolleginnen bemerken, dass ich einfach nur dasitze und nicht mitlachen kann, keine Lust habe zu reden und am Nachdenken bin. Keiner mag mehr gern mit mir zusammenarbeiten.«

Übung: Symptome eines drohenden Burnouts
Der nachfolgende Fragenkatalog hilft Ihnen, Stress- und Warnzeichen zu erkennen. Kreuzen Sie an, was für Sie zutrifft:

Stresszeichen	nie	selten	gelegentlich	häufig	ständig
Punkte	0	1	2	3	4
Konzentrationsschwierigkeiten					
Vergesslichkeit					
Denkblockaden					
Rastlosigkeit					
Unruhe					

Stresszeichen	nie	selten	gelegentlich	häufig	ständig
Punkte	0	1	2	3	4
Nervosität					
Einschlafstörungen					
Durchschlafstörungen					
Nicht erholt aufwachen					
Antriebsmangel, ausgeprägte Arbeitsunlust					
Gefühl innerer Leere					
Unzufriedenheit mit der eigenen Leistung					
Gefühl von zu wenig Anerkennung					
Gereiztheit, aggressive Erregbarkeit					
Neigung zu Überreaktionen					
Unausgeglichenheit					
Starke Gefühlsschwankungen					
Gefühl der Hilflosigkeit					
Unbestimmte Angstgefühle					
Konsum von Beruhigungstabletten					
Unregelmäßiges Essverhalten					
Schwindelanfälle					
Ohrensausen, Ohrgeräusche					

Stresszeichen	nie	selten	gelegentlich	häufig	ständig
Punkte	0	1	2	3	4
Kopfschmerzen					
Schleier vor den Augen					
Überempfindlichkeit gegen Licht					
Muskelzittern					
Augenzucken					
Sexuelle Funktionsstörungen					
Abnahme sexueller Lust					
SUMME DER PUNKTE					

Auswertung

Addieren Sie die Gesamtpunktzahl und lesen Sie nach, was die Punktzahl bedeutet. Sie haben nun einen Anhaltspunkt, in welchem Maß Ihr Leben belastet ist und welche Symptome Sie bei sich erkennen können.

0 bis 39 Punkte:

Sie haben die meisten Markierungen in den Spalten *nie* oder *selten* gemacht. Vorausgesetzt, Sie waren wirklich ehrlich zu sich selbst, zeigt das, dass Sie sehr gut ausbalanciert sind und bei Ihnen die Gefahr, an einem Burnout-Syndrom zu erkranken, zurzeit sehr gering ist. Bleiben Sie dennoch weiterhin aufmerksam bezüglich dieser Symptome.

40 bis 79 Punkte:
Ihre Auswertung hat ergeben, dass Sie eine mittlere Belastung haben. Ihr Körper zeigt Ihnen einige Warnsignale. Beherzigen Sie diese und reagieren Sie entsprechend darauf. Sie sollten Ihr Leben an gewissen Punkten umstellen und Belastungen reduzieren. Dies können Sie durch den gezielten Einsatz der im Buch dargestellten Werkzeuge und Modelle erreichen.

80 bis 120 Punkte:
Sie haben viele Markierungen unter *häufig* oder sogar *ständig* gemacht. Dies spricht für eine erhebliche Überbelastung und die akute Gefahr eines Burnouts. Die von Ihnen markierten Symptome sprechen für eine chronische Dauerbelastung und fehlende Balance in Ihrem Leben, die zu Kräfteverschleiß führt und längerfristig die Gefahr eines Zusammenbruchs beinhaltet. Sie sollten möglichst kurzfristig beginnen, Ihr Leben zu ändern und die im Verlauf des Buches vorgestellten Werkzeuge und Modelle einzusetzen. Auch wenn Sie bei dieser Übung eine hohe Punktzahl erreicht haben, ist es grundsätzlich positiv zu bewerten, dass Sie die Warnzeichen wahrnehmen. Sie sollten sich diese Gabe bewahren und den Ursachen für diese Signale auf den Grund gehen. Die Vorgeschichte von Menschen, die an einem Burnout-Syndrom erkrankt sind, zeigt sehr oft, dass die Gefährdeten nicht imstande sind, ihre eigenen Warnzeichen wahrzunehmen. Der Volksmund sagt: »Es ist nicht schlimm, wenn man hinfällt, sondern wenn man liegen bleibt.« Deshalb sollten Sie sich die nachfolgenden Wege aus der Überlastung genau anschauen und wo immer möglich danach handeln.

Wege aus der Überlastung

Wenn Sie einige Aussagen in der Übung *Symptome eines drohenden Burnouts* mit hoher Punktzahl beantwortet haben, sollten Sie nicht so weitermachen wie bisher. Nehmen Sie sich die Zeit, über Ihre jetzige Situation ehrlich nachzudenken. Sie tun dies ja bereits während des ganzen Buchteils, und dies ist ein sehr guter erster Schritt. Setzen Sie dabei die rosarote Brille ab. Denn viele sagen: »So schlimm ist es ja noch nicht, ich muss nur noch die nächsten vier Wochen durchhalten, dann wird es besser.« Nein! Jetzt ist ein guter Zeitpunkt, die Dinge zu betrachten und sich das Leben leichter zu machen. Prüfen Sie, was Sie von den hier angeführten Punkten für sich berücksichtigen können.

- Versuchen Sie die Ursachen für Ihren Stress, die Belastungen herauszufinden. Hierfür eignet sich eine Selbstbeobachtung mit einem Tagebuch gut. Damit kann man am ehesten einen Zusammenhang zwischen auslösenden Situationen und den Beschwerden erkennen und in Zukunft daran arbeiten, diese zu vermeiden oder zumindest zu reduzieren.
- Betrachten Sie Ihre eigenen inneren Konzepte. Wie klingt es in Ihnen? »Ich muss immer perfekt sein.« oder: »Ich muss hundertprozentig pünktlich sein.« oder: »Ich muss das alles allein schaffen.« Überprüfen Sie diese Konzepte auf Sinnhaftigkeit und lassen Sie ein wenig von starren Vorstellungen ab.
- Versuchen Sie, sich langfristige Ziele im Leben zu setzen und nicht allein auf kurzfristige Erfolge zu hoffen. Betrachten Sie Ihre aktuelle Lebenssituation und versuchen Sie sich vorzustellen, was sich in sechs Monaten, einem Jahr oder fünf Jahren verändert haben soll.

- Bemühen Sie sich, ausgewogen und vernünftig zu essen, ausreichend zu schlafen und für Ausgleich im Leben zu sorgen.
- Bauen Sie kleine regelmäßige Aktivitäten in den Alltag ein, die Ihnen ein positives Gefühl geben, beispielsweise morgens 15 Minuten früher aufstehen und den Tag mit einer gemütlichen Tasse Tee oder einem kleinen Spaziergang zu beginnen. Es können auch zehn Minuten für eine Minimeditation am Arbeitsplatz sein.
- Versuchen Sie, neue soziale Kontakte aufzubauen und alte Freundschaften oder Vereinsaktivitäten oder Ähnliches zu pflegen.
- Widmen Sie sich intensiv einem Hobby.
- Lernen Sie Entspannungstechniken.
- Treiben Sie Sport – zumindest regelmäßige Spaziergänge, Schwimmen oder Fahrradfahren sollten Sie sich angewöhnen.
- Versüßen Sie sich Ihren Alltag und Ihren Arbeitsplatz mit Kleinigkeiten, die Sie erfreuen, eine Kerze auf dem Schreibtisch, ein schönes Bild, eine gute Musik am Abend, Blumen, ein Lächeln – es gibt unzählige Möglichkeiten.

Auf Ihre persönlichen Lebensgesetze kommt es an

Dieses letzte Kapitel zur Bestandsaufnahme beschäftigt sich mit unseren eigenen inneren Bewertungen und Lebensgesetzen. Es kann möglich sein, dass wir im Leben nicht so richtig glücklich werden, weil wir in unseren Gedanken einige Gesetze verankert haben, die einen extremen Einfluss auf unsere Handlungen haben, uns aber nicht wirklich guttun.

Nehmen wir an, heute ist ein wunderschöner Sonntag, die Sonne scheint und eine gute Freundin ruft spontan an, weil sie Sie gern zu einem Spaziergang mit anschließendem Brunch abholen würde. Vielleicht sind Sie ein spontaner Typ, der sagt: »Prima, tolle Idee! Ich bin in 30 Minuten fertig.« Dann meldet sich plötzlich Ihr inneres Gesetz, das lautet: »Erst die Arbeit, dann das Vergnügen«, und es fällt Ihnen ein, dass ja der Rasen gemäht werden muss, die Wäsche noch zu bügeln und für den Arbeitsmontag noch einiges vorzubereiten ist. Aus mit der Freude! Sie sagen der Freundin wieder ab.

Innere Gesetze, die nicht gerade für den Weg zum Glück gemacht sind, enttarnen sich leicht mit folgenden einleitenden Worten:

- »Du musst …«
- »Du sollst …«
- »Du kannst doch nicht …«
- »Du bist schuld, wenn …«
- »Was sollen denn die Leute sagen, wenn …«
- »Wenn du nicht …, dann …«

Sicher kennen Sie auch diese Varianten, die Selbstvorwürfe:

- »Du bist aber extrem faul!«
- »Du bist egoistisch!«
- »Du wirst zu dick!«

Innere Gesetze sind uns meist wie eine Tätowierung eingebrannt und nicht so leicht wieder loszuwerden. Aber es geht. Und es ist auch notwendig, dass wir uns von diesen strengen inneren Regeln befreien, zumindest wenn wir nachhaltiges Lebensglück erlangen wollen. Zunächst muss allerdings die Frage geklärt werden, woher diese inneren Bewertungen kommen.

Woher kommen innere Gesetze?

Die inneren Bewertungen sind in der Regel von uns erlernt. Traditionen unserer Eltern werden an uns weitergegeben, wenn sie uns immer wieder sagten: »Du musst immer pünktlich scin.« Oder: »Der zweite ist der erste Verlierer.« Oder: »Männer weinen nicht.« Auch die Schule, unser soziales Umfeld in der Kindheit (Dorfleben, Stadtleben), politische Gegebenheiten (Demokratien, Diktaturen) oder eine kirchliche Einbindung prägen unsere inneren Überzeugungen. Ausgerüstet mit einem individuellen inneren Bewertungsmaßstab versuchen wir als Erwachsene nun das Leben zu meistern. In vielen Fällen sind die erlernten Bewertungen allerdings hinderlich, all die vielfältigen Ereignisse im Leben gut zu bewältigen.

Zur genaueren Anschauung haben wir einmal typische Einstellungen aufgelistet, die bei sehr vielen Menschen zu Stress führen:

- Starke Menschen brauchen keine Hilfe.
- Ich bin vom Pech verfolgt.
- Es gibt immer eine bessere Lösung.

- Die anderen oder die Umstände sind schuld.
- Ich muss besser sein als die anderen.
- Nur wenn ich absolut sicher bin, kann ich Entscheidungen treffen.
- Es ist wichtig, dass alle mich akzeptieren.
- Es gibt nichts Schlimmeres, als Fehler zu machen.
- Wenn ich es nicht mache, wird es nicht perfekt.
- Ich kann ja ohnehin nichts machen.
- Wenn ich nicht genau das Ziel erreiche, dann habe ich nichts erreicht.
- Das war schon immer so.

Aus dieser Liste werden Ihnen sicher einige Punkte bekannt vorkommen. Damit Sie Ihre inneren Gesetze und Bewertungen besser kennenlernen und sich eventuell etwas davon distanzieren können, empfehlen wir Ihnen folgende Übung:

Meine inneren Lebensgesetze

Schreiben Sie sich eine Liste Ihrer persönlichen Lebensgesetze und Bewertungen auf.

____

____

____

____

Haben Sie schon eine Idee entwickelt, wo Sie diese inneren Bewertungen erlernt haben? Überlegen Sie sich auch, wo Sie in Ihrem Leben mit diesen inneren Einstellungen auf Schwierigkeiten gestoßen sind.

Schlüsselfragen zur Realität

Um ein nachhaltiges Lebensglück zu erlangen, ist es notwendig, sich von einigen der inneren Bewertungen zu verabschieden. Sie haben sicher inzwischen einige als nicht gerade förderlich entlarven können. Da sie sehr hartnäckig sind, wird es kein leichter Prozess sein, sich von ihnen zu lösen. Um sich das dennoch möglich zu machen, sollten Sie sich zunächst sogenannte Schlüsselfragen zur Realität stellen.

Dazu folgendes Beispiel: Eine Klientin, 36 Jahre alt, berichtet, dass andere Menschen deutlich mehr Glück im Leben haben. Sie selbst findet sich hässlich und würde ja so nie ihren Wunsch nach einer eigenen Familie verwirklichen können. Das waren ihre inneren Überzeugungen. Alle anderen Frauen sähen besser aus und sie sei darauf manchmal ganz neidisch. Auf die Frage, wie realistisch denn ihre eigene Einschätzung sei, wurde die Klientin unsicher. Sie konnte dann zumindest einige Situationen nennen, in denen sie gelobt wurde und Komplimente erhalten hatte. Sich mehr darauf zu fokussieren, half ihr schon einmal, ihre inneren Gesetze zu hinterfragen.

Anbei eine Liste von Fragen zur Realitätsüberprüfung:

- Sehe ich nur die negativen Seiten einer Situation?
- Verallgemeinere ich?
- Habe ich zu hohe oder falsche Erwartungen?
- Führe ich erst durch meine Befürchtungen unangenehme Situationen herbei?
- Schreibe ich meine Probleme meinem Umfeld zu?
- Fühle ich mich unnötig hilflos?
- Dramatisiere und übertreibe ich?
- Was würde ein anderer zu meiner Einstellung sagen?
- Wie sehen andere die gleiche Situation?
- Was sind die Konsequenzen meiner Denkweise?

Die Realität meiner inneren Bewertungen

Am besten führen Sie vier Wochen lang ein Tagebuch über Ihre inneren Bewertungen und notieren sich dazu die Realitätsprüfungen. Nur wenn Sie sich über die Mechanismen in Ihrem Inneren bewusst werden, können Sie diese auch ändern – und zu einem glücklicheren Leben finden. Werden Sie dafür aktiv!

Die Veränderung der Lebensgesetze

Dieser Schritt erfordert von Ihnen den klaren Willen, einige Ihrer persönlichen Lebensgesetze zu ändern, und den Mut, sich immer wieder dagegenzustellen, wenn alte Muster Sie überzeugen wollen. Einen leichteren Weg gibt es nicht. Aber er lohnt sich, denn Sie tun es für sich.

Ein denkbarer Einstieg ist es, wenn Sie sich auf Ihre Sichtweise von einzelnen Situationen fokussieren. Sie überprüfen dabei, welche Haltung Sie haben – und wenn diese nicht förderlich ist, finden Sie eine neue. Folgende Beispiele können Ihnen dafür sicher gute Handlungsanweisungen sein.

Selbstinstruktion vor einer Situation:

Bisher	Neu
»Das wird schiefgehen …«	»Erst einmal probieren …«
»Ich weiß nicht, wie ich das schaffen soll …«	»Ich beginne, die Anforderungen Schritt für Schritt in Angriff zu nehmen. Dabei muss ich nicht perfekt sein.«

Bisher	Neu
»Du liebe Zeit, was da wieder auf mich zukommt …«	»Ich werde auf alle Fälle etwas daraus lernen …«

Selbstinstruktion in einer Situation:

Bisher	Neu
»Ich werde schon wieder nervös …«	»Nur ruhig, entspann dich …«
»Mein Herz schlägt wie wild …«	»Bleib ruhig …«
»Die Angst wird mich überwältigen.«	»Ich kann die Erregung nicht verhindern, aber ich werde sie steuern.«

Versuchen Sie, in nicht ganz so entscheidenden Lebenssituationen Ihre inneren Bewertungen zu verändern. Nicht die Situationen an sich, sondern unsere Bewertungen entscheiden darüber, ob etwas stressig für uns wird oder nicht. Statt sich darüber aufzuregen, dass der Zug schon wieder zu spät kommt, nutzen Sie die Zeit, um ein notwendiges Telefonat zu führen, innerlich einen Brief vorzubereiten oder vielleicht einfach einen Kaffee zu genießen.

Regeln zur Selbstfürsorge

Die nächste Stufe bei der Auflösung von ungünstigen inneren Gesetzen ist die Etablierung von fürsorglichen Regeln. In der Beratungspraxis wird deutlich, dass viele Menschen sehr streng, fordernd und rigide mit sich umgehen, nach dem Motto: »Es hätte noch besser sein müssen!« Um nachhaltig glücklich zu werden, sollten Sie noch heute damit beginnen, gut zu sich zu sein! Betrachten Sie sich selbst als wertvollen Schatz, der immer wieder gepflegt und poliert werden möchte.

Fürsorgliche Sätze beginnen etwa so:

- Ich möchte gern …
- Ich darf …
- Mir tut es gut, dass …
- Ich bemerke gerade, dass …
- Ich genieße jetzt …
- Schauen wir doch mal, ob wir nicht eine andere Lösung finden können …

Wer mit solch einer inneren Einstellung durchs Leben geht, tut sich selbst einen großen Gefallen und geht überdies auch mit anderen Menschen lockerer und wertschätzender um. Vergessen Sie niemals, dass jeder Mensch gute Seiten in sich trägt – Sie auch! Unterstützen Sie sich selbst in Ihrem Leben und in der Bewältigung der zahlreichen Aufgaben. Das klappt mit hilfreichen Überzeugungen, die folgendermaßen aussehen könnten:

- Ich darf selbst entscheiden, was der richtige Weg für mich ist. Ich muss mich nicht um das Gerede der Leute kümmern.
- Ich darf mir zwischendurch ausreichend Pausen gönnen, da ich meine Arbeit meist ohnehin sehr verantwortungsvoll und konzentriert mache.
- Es geht nicht um Egoismus, sondern darum, dass ich auch meine Meinung vertreten und für mein Wohlbefinden sorgen darf.

Meine Regeln der Selbstfürsorge

Nehmen Sie sich die Zeit und notieren Sie Ihre persönlichen Regeln, mit denen Sie fortan gut für sich selbst sorgen wollen. Wenn Ihnen der Platz hier nicht ausreicht, umso besser. Gestalten Sie ein schönes Extrablatt, schreiben Sie Ihre Regeln auf – und hängen Sie es sich gut sichtbar in der Wohnung auf.

Wir haben uns in diesem Teil des Buches ausführlich Ihren Status quo angeschaut und auch schon einige Lösungsmöglichkeiten durchprobiert, mit denen Sie dem nachhaltigen Lebensglück näherkommen. Zum Abschluss dieses Kapitels möchten wir Ihnen eine traditionelle Geschichte aus Persien mit auf den Weg geben, die zum Schmunzeln und vor allem zum Nachdenken anregt.

Von der Schwierigkeit, es allen recht zu machen

Ein Vater zog mit seinem Sohn in der Mittagsglut durch die staubigen Straßen von Keshan. Der Vater saß auf einem Esel, den der Junge führte. »Der arme Junge«, sagte da ein Vorübergehender. »Seine kurzen Beinchen versuchen, mit dem Tempo des Esels Schritt zu halten. Wie kann man nur so faul auf dem Esel herumsitzen, wenn man sieht, dass das kleine Kind sich müde läuft?!«

Der Vater nahm sich diese Worte zu Herzen, stieg hinter der nächsten Ecke ab und ließ den Jungen aufsitzen. Gar nicht lange dauerte es, da erhob schon wieder ein Vorübergehender seine Stimme: »So eine Unverschämtheit! Sitzt doch der kleine Bengel wie ein Sultan auf dem Esel, während sein armer, alter Vater nebenherläuft.«

Dies schmerzte den Jungen, und er bat den Vater, sich hinter ihm auf den Esel zu setzen. »Hat man so etwas schon gesehen?«, keifte kurz darauf eine kleine Frau, »solch eine Tierquälerei! Dem armen Esel hängt der Rücken durch und der alte und der junge Nichtsnutz ruhen sich auf ihm aus, als wäre er ein Diwan. Die arme Kreatur!«

Die Gescholtenen schauten sich an und stiegen beide, ohne ein Wort zu sagen, vom Esel herunter. Kaum waren sie wenige Schritte neben dem Tier hergegangen, machte sich ein Fremder über sie lustig: »So dumm möchte ich nicht sein. Wozu führt ihr denn einen Esel spazieren, wenn er nichts leistet, euch keinen Nutzen bringt und noch nicht einmal einen von euch trägt?«

Der Vater schob dem Esel eine Handvoll Heu ins Maul und legte seine Hand auf die Schulter seines Sohnes. »Ganz gleich, was wir machen«, sagte er, »es findet sich doch jemand, der damit nicht einverstanden ist. Ich glaube, wir müssen selbst entscheiden, was wir für richtig halten.«

Dritter Teil

Der Weg zu Ihrem Glück: Neuorientierung am inneren Anker

»Wer sich einmal selbst gefunden hat,
der kann nichts auf dieser Welt mehr verlieren«
Stefan Zweig

Orientierung an Ihrem inneren Anker

Sie haben sich inzwischen bereits recht gut kennengelernt und sind sich sicher an der einen oder anderen Stelle gründlich auf die Schliche gekommen, wo Sie Ihrem Glück selbst im Weg stehen. Im dritten Teil des Buches schauen wir nun verstärkt nach vorn: Welche neue Orientierung wird Sie nachhaltig zum Glück führen? Dabei werden wir uns Ihrem inneren Anker, einem verlässlichen Fixpunkt in Ihrem Leben, zuwenden. Wir werden verschiedene Blickwinkel auf die Welt und Ihre Bedürfnisse untersuchen, denn erst wenn die erfüllt sind, kann sich bekanntlich Glück einstellen. Außerdem befassen wir uns mit der Kommunikation zwischen Bauch und Kopf und dem Einfluss der äußeren Haltung auf die innere. Ein umfangreiches Programm erwartet Sie hier also – alles, was Ihnen zur Neuausrichtung auf Ihr Glück helfen kann.

Woran kann man sich halten?

Der bekannte deutsche Politiker Dr. Klaus von Dohnanyi stellte in seiner Veröffentlichung *Mut zu mehr Freiheit* das Spannungsfeld zwischen der Gemeinschaft und dem einzelnen Bürger dar. Er bezog sich dabei hauptsächlich auf politische und wirtschaftliche Aspekte. Wir wollen diese Gedanken aufgreifen und unter dem Gesichtspunkt der Orientierung – oder besser noch: der Selbstorientierung – am eigenen inneren Anker weiterentwickeln.

In der deutschen Geschichte war die Gewichtung zwischen der Gemeinschaft und dem Individuum immer anders als beispielsweise bei unseren westlichen Nachbarn in Frankreich oder gar in den USA. Verglichen mit diesen Ländern wurde in Deutschland der Gemeinschaft schon immer eindeutig der Vorrang gegenüber dem Individuum eingeräumt. Wo die Gemeinschaft besonders stark ist, dort gewinnen die Aspekte der gesellschaftlichen Organisation, der Ordnung, der Disziplin und damit auch die Gleichheitsansprüche der Einzelnen größeres Gewicht. Wo dagegen das Individuum Vorrang hat, herrschen Wettbewerb, Improvisation und damit zwangsläufig mehr Ungleichheit.

Deutschland, das Land in der Mitte zwischen Ost und West, hat heute eine Zwischenform entwickelt: mehr Gemeinschaft und mehr Gleichheit als insbesondere die amerikanische Gesellschaft, aber auch sehr viel mehr Individualismus, mehr wirtschaftliche Freiheit und mehr gesellschaftliche Unterschiede, als es zum Beispiel viele politische Kulturen auf dem eurasischen Kontinent zulassen.

Die Stärke der deutschen Gesellschaft beruht auf einem Gleichgewicht von Gemeinschaft und individueller Freiheit. Dieses Gleichgewicht gründet auf Organisation, Ordnung und Disziplin, den typisch deutschen Tugenden und Werten. Diese greifen dort besonders erfolgreich, wo durch Organisationsstrukturen eine Richtung vorgegeben wird, wo die Gemeinschaft durch ihre Werte dem Einzelnen Orientierung gibt und die gemeinschaftlichen Ziele, wie beim Wiederaufbau nach dem Krieg, das deutsche Wirtschaftswunder, eine klare Ausrichtung vorgeben und gleichzeitig genügend Freiraum zur individuellen Entfaltung lassen. Inzwischen haben wir in unserer Gesellschaft viele der gemeinschaftlichen Ziele, die uns in den letzten Jahren Orientierung gaben, erreicht. Deutschland ist ein wohlhabendes Land und eine der wichtigsten Wirtschaftsnationen der Welt. Wir können uns potenziell alles leisten und uns unsere Wünsche erfüllen. Wir bekommen Informationen aus aller Welt, nicht zuletzt über das Internet. Weil wir so viele Optionen haben, haben wir häufig aber auch die Qual der Wahl. Diese zahllosen Wahlmöglichkeiten können uns die Orientierung erschweren. Das gilt im Privaten ebenso wie im Gesamtgesellschaftlichen.

An dieser Stelle möchten wir Sie zur Beantwortung einer Frage anregen: Sind Sie selbst tendenziell eher individuell oder eher gemeinschaftlich ausgerichtet? Finden Sie eher in einer Gemeinschaft Erfüllung oder möchten Sie unabhängig von anderen Ihr Leben bestimmen?

Eine Gemeinschaft gibt uns ein gewisses Maß an Orientierung und Halt, doch da wir uns in unzähligen Gemeinschaften befinden können, wird eine sorgfältige Auswahl für unser nachhaltiges Lebensglück entscheidend sein. Die Orientierung ist nicht mehr von außen festgelegt. Noch vor 50 Jahren galten deutlichere gesellschaftliche Regeln: Die Kirche hatte mehr Einfluss, die Köpfe eines Dorfes waren der Pfarrer, der Lehrer, der Apotheker, der Arzt und der Bürgermeister. Der Mann versorgte die Familie, und die Frau kümmerte sich um die Kinder. Der Sohn übernahm den Hof oder die Firma. Das alles ist heute keineswegs mehr selbstverständlich.

Die neue Welt der globalen Verflechtung ist nicht mehr so leicht zu überschauen. Wir können sie viel schwerer ordnen, und unsere Lebenswege sind nicht mehr so streng festgelegt. Hohe Flexibilität ist gerade in vielen Bereichen der Wirtschaft wichtig, wenn man sich auf dem globalisierten Weltmarkt behaupten will. Doch diese Unüberschaubarkeit kann zu einem Mangel an Orientierung führen, der dann wiederum Konsequenzen hat.

Die Orientierung muss sich jeder immer wieder selbst im Leben geben. Das kann uns heute niemand mehr abnehmen. Deshalb werden wir Sie im Folgenden dazu anregen, sich Leitlinien für Ihren inneren Anker, für Ihre individuelle Selbstorientierung aufzustellen. Der innere Anker, das sind die von uns selbst erstellten Leitlinien, an denen wir uns zur Bewältigung des Lebens orientieren. Wichtige Faktoren zur Erstellung dieser Leitlinien sind die persönlichen Bedürfnisse, die eigenen Maßstäbe und Erfahrungen.

Wenn die ordnende Hand der Gemeinschaft fehlt, ja aufgrund der globalisierten Welt mit ihren schnell wechselnden Regelwerken und wirtschaftlichen Erfordernissen immer weiter in den Hintergrund gedrängt wird, entsteht umso mehr die Notwendigkeit, die Orientierung in sich selbst zu finden. Wo es von außen scheinbar keine Begrenzungen mehr gibt, müssen wir uns selbst begrenzen. Selbstdisziplin ist heute wichtiger denn je, denn die Gefahr, bei all den Möglichkeiten die wirklich wichtigen Dinge des Lebens aus den Augen zu verlieren, ist groß.

Wir möchten Ihnen daher auch raten, die Leitlinien Ihres inneren Ankers, wenn Sie sie denn einmal gefunden haben, nicht zu häufig zu wechseln. Neben Selbstdisziplin hilft eine innere Stetigkeit und Beständigkeit bei gleichzeitiger Flexibilität, dauerhaftes Glück zu finden. Klarheit ist ein energiesparender Glücksfaktor. Damit Sie Ihre eigenen Leitlinien leichter aufstellen können, sollten Sie sich zunächst mit all den Unterkapiteln in diesem dritten Buchteil befassen, insbesondere mit *Bedürfnisse und Motivation als innere Kraft*.

Das richtige Maß finden

Als ersten Aspekt zur Erstellung eigener Leitlinien für den inneren Anker möchten wir hier den eigenen individuellen Maßstab betrachten. Sind Sie häufig nur dann glücklich, wenn Sie Auszeichnungen und offizielle Anerkennung erhalten, oder stellt sich bei Ihnen ein zufriedenes Glücksgefühl auch ein, wenn Sie nicht ganz oben stehen? Manche Menschen entsagen der Leistungsgesellschaft und ziehen sich zurück, wiederum andere perfektionieren ihre Fähigkeit, einem hohen Lebenstempo gewachsen zu sein. Wir möchten Sie an dieser Stelle fragen, welches Ihr eigener Maßstab im Leben ist. Woran orientieren Sie sich? Womit sind Sie zufrieden?

Wir erleben viele Menschen, die irgendwelchen äußeren Anforderungen hinterherjagen und dabei ihr eigenes Leistungsmaß aus den Augen verlieren. Sie rennen dabei häufig immer schneller und kommen doch nicht wirklich voran. Sie treten auf der Stelle und verausgaben sich unter Umständen so sehr, dass sie lustlos und krank werden. Sie entwickeln Versagensängste, der Arbeit nicht mehr gewachsen zu sein, Angst vor der

Im Hamsterrad

Beurteilung durch andere, Angst, nicht schnell genug auf Veränderungen reagieren zu können. Was bringt die berufliche Zukunft? Habe ich eine Garantie auf meinen Job? Wie lange werde ich es in meinem Hamsterrad noch durchhalten? Dazu die Frage, die immer lauter wird: Wo bleibe ich selbst?

Wir kennen fast alle dieses Gefühl, ständig unter Druck zu stehen. Das Gefühl, keine Zeit zu haben, immer der Zeit hinterherzulaufen, immer fünf Dinge gleichzeitig tun zu müssen, für die Familie und den Job. Quälende Gedanken können uns bis in die Nacht hinein verfolgen. Wir kommen uns dabei vor wie ein Artist, der im Spagat zwischen zwei Stühlen hängt und dabei noch fünf Bälle zu jonglieren hat. Einem Artisten kann so etwas für seinen kurzen Auftritt gelingen, aber auch er würde dieses Kunststück nicht ewig durchhalten. Wir sollten uns verdeutlichen, dass wir eine artistische Meisterleistung in unserem Leben auch nicht für lange Zeit vollbringen können. Wenn wir immer wieder nur versuchen, das Unmögliche möglich zu machen und durchzuhalten, können wir langfristig nicht glücklich werden.

Es macht Sinn, während des Spagats zwischen allen Stühlen innezuhalten und sich zu fragen, ob wirklich alles so schnell, gleichzeitig und noch dazu ausgerechnet von uns erledigt werden muss. Ein chinesisches Sprichwort drückt die Lösung bereits brillant aus: »Wenn du es eilig hast, gehe langsam.«

Wir können analysieren, wie wir in diese missliche Lage gekommen sind und wie wir uns das Leben wieder einfacher machen können. Wer hat uns eigentlich alle aktuellen Lebensrollen, diese Aufgaben, diese Bälle im übertragenen Sinne in die Hand gedrückt, oder haben wir sie uns vielleicht sogar selbst geschnappt, einen nach dem anderen, weil wir gedacht haben, dass wir dafür die Verantwortung haben?

Was wollen wir eigentlich? Wollen wir ein Kunststück aufführen, weil wir dabei auf Applaus aus der Zuschauer-

Im Spagat zwischen Beruf und Familie

menge hoffen? Wie lange können wir ein solches Kunststück durchhalten? Und ab welchem Punkt ist der Zuschauer gelangweilt und wartet auf eine noch bessere, noch waghalsigere Vorführung?

Hinterfragen Sie sich ehrlich: Verwenden Sie Ihre Energie für Dinge, die Sie eigentlich nicht tun wollen, aber dennoch unternehmen, nur um Leuten zu imponieren, von denen Sie sich Anerkennung erhoffen? Und fragen Sie sich im zweiten Schritt, ob diese Zielpersonen – wenn Sie schon so vorgehen wollen – gut gewählt sind oder ob eine Enttäuschung vorprogrammiert ist. In der Praxis erleben wir immer wieder Menschen, die sehnsüchtig auf das Lob Ihres Chefs, der alten Mutter oder des Ehemannes/der Ehefrau warten und dafür allerlei Kopfstände unternehmen. Die Wahl genau dieser Zielpersonen ist verständlich, aber nicht immer können Sie von diesen Menschen die geeignete Unterstützung erwarten. Für ein nachhaltiges Lebensglück sollten Sie sich gut überlegen, was Ihnen wirklich wichtig ist – die Meinung anderer oder Ihr innerer Frieden? Und welchen Preis sind Sie für ein bisschen Anerkennung oder für Ihr längerfristiges Glück zu zahlen bereit?

Die nachfolgende Übung hilft Ihnen, für sich selbst herauszufinden, was Ihnen wirklich wichtig ist und wo Ihr eigener Maßstab liegt. Dabei kommt es darauf an, dass diese Dinge für Sie persönlich zählen und nicht, dass Sie nach Antworten suchen, die vielleicht gerade sozial erwünscht oder gesellschaftlich gern gesehen sind. Es geht darum, dass Sie Ihre eigenen Leitlinien und inneren Werte und Haltungen entdecken oder entwickeln. Wie bereits gesagt kommt es heute viel stärker auf die Selbstorientierung an, darauf, was unsere individuelle innere Stimme sagt.

Für diese Übung sollten Sie sich einen möglichst ruhigen Platz suchen, an dem Sie ungestört sind. Das Vorgehen mag Ihnen im ersten Moment vielleicht etwas eigenartig erscheinen, lassen Sie sich davon nicht stören, probieren Sie es einfach aus.

Was wirklich zählt im Leben – Ihr innerer Anker

Stellen Sie sich vor, dass Sie als Beobachter an Ihrem eigenen 80. Geburtstag teilnehmen. Dies ist Ihr runder Geburtstag in vielleicht ferner Zukunft. Sie haben Freunde und die Familie eingeladen. All diese Menschen sind gekommen, um Ihnen eine große Ehre zu erweisen, Ihnen ihre Liebe und ihre Anerkennung für Ihr Leben auszusprechen.

Es sind insgesamt vier Redner vorgesehen. Der erste ist jemand aus Ihrer Familie, der engen oder auch der weiteren – eines Ihrer Kinder, Geschwister, eine Nichte, ein Neffe, der Onkel oder die Cousine. Der zweite Sprecher ist einer Ihrer Freunde, jemand, der einen Eindruck vermitteln kann, wie Sie als Mensch sind. Der dritte Redner stammt aus Ihrem früheren beruflichen Umfeld, er kennt Sie als Kollegen in einer professionellen Umgebung. Und der vierte kommt aus einer Organisation, beispielsweise dem Verein, in dem Sie sich engagiert haben.

Was würden Sie von jedem der Redner gern über sich hören? Natürlich sollen diese Reden ehrlich und aufrichtig sein und nicht einfach nur schöne Worte, weil man am Geburtstag nichts Schlechtes sagen will. Für diese Übung können Sie sich aussuchen, was diese Bekannten von Ihnen sagen sollen. Welche Art Mensch, Freund, Arbeitskollege oder Vereinskamerad sollen sie beschreiben? Welchen Charakter sollen die Reden darstellen? An welche Leistungen sollen sie erinnern? Schauen Sie sich die Anwesenden sorgfältig an. Was hätten Sie gern zu deren Leben beigetragen?

Versetzen Sie sich nun gedanklich in die beschriebene Situation. Lassen Sie das Umfeld der wundervollen Feier und die Gesichter Ihrer Redner in Gedanken auf sich wirken. Notieren Sie dann in Stichworten die Inhalte der einzelnen Reden.

Stichworte zur Rede des Familienmitgliedes

____

____

____

Stichworte zur Rede Ihres Freundes, Ihrer Freundin

Stichworte zur Rede der Arbeitskollegin, des Arbeitskollegen

Stichworte zur Rede der Vereinskollegin, des Vereinskollegen

Nehmen Sie sich einige Minuten Zeit, um Ihre Eindrücke, Ihre Vorstellungen und Ihre Wunschaussagen der Reden zu notieren. Es ist wichtig, dass Sie diese Übung schriftlich durchführen. Vielleicht übernehmen Sie diese Übung sogar in das Schreibprogramm Ihres Computers, damit Sie in regelmäßigen Abständen die Reden ergänzen und gegebenenfalls überarbeiten können.

Wenn Sie diese Übung ernsthaft durchgeführt haben, haben Sie einige Ihrer fundamentalen Werte berührt. Schauen Sie sich genau an, was die Redner sagen. Welche inneren Ankerpunkte stellen sich heraus? Genau das sind Ihre inneren Werte, Ihre Fixpunkte in den Stürmen des Lebens.

Der nächste Schritt ist eigentlich ganz einfach. Wenn Sie wollen, dass diese Menschen oder andere an Ihrem 80. Geburtstag später wirklich aufrichtig und mit voller Überzeugung genau so über Sie sprechen, dann sollten Sie ab sofort auch so leben, dass diese Menschen damit die Wahrheit sagen könnten. Wahrscheinlich werden sie nicht sagen: »Toll, dass er immer so viel gearbeitet hat und für nichts anderes Zeit hatte!« Sie werden wahrscheinlich eher Dinge sagen wie: »Schön, dass er Zeit hatte, als ich ihn brauchte.«

Jeder Teil Ihres Lebens – Ihr Verhalten heute, morgen, übermorgen, nächste Woche, nächstes Jahr – lässt sich im Kontext des Ganzen betrachten, im Kontext dessen, was Ihnen wirklich wichtig ist. Wenn Sie Ihre Werte immer im Hinterkopf behalten, können Sie damit sicherstellen, dass Sie nichts tun, was Ihre Kriterien verletzt. Dann ist jeder Tag Ihres Lebens ein Beitrag zu der Vision, die Sie von Ihrem Leben als Ganzem haben. Genau diese Punkte, die letztlich ja auch Ihre Spuren kennzeichnen und die Ihren Mitmenschen in stetiger Erinnerung bleiben sollen, gilt es, im Fokus zu behalten.

»Weise Mäßigung ist die Mutter der Tugend«

Das sagt eine alte Benediktinerregel. Sie gilt umso mehr in unserer heutigen Zeit, die geprägt ist von so mancher Maßlosigkeit. Viele Menschen überfordern sich ohne eine innere Messlatte. Wir können allzu leicht das Gespür für unsere Grenzen verlieren. Durch die Medien und nicht selten auch durch unser Umfeld werden wir in Versuchung geführt, dass wir immer fit sein müssen, immer großartig, immer stark, immer souverän, immer schön, immer flexibel, immer erreichbar. Wir müssen funktionieren. Das macht letztlich unzufrieden und vielleicht sogar krank. Wer immer stark sein muss, hält das nur durch, wenn er seine Bedürfnisse und seine Schwachpunkte verdrängt. Psychosomatische Krankheiten, körperliche Beschwerden, seelische Unausgeglichenheit oder zwischenmenschliche Aggressionen können die Folge sein. Ein weiterer Ankerpunkt sollte also Ihre eigene innere Messlatte sein. Was kann ich mir zumuten? Welches ist das richtige Maß für mich? Was passiert, wenn ich dieses Maß überschreite? Gibt es Frühwarnzeichen, wenn ich mir zu viel abverlange? Diese Fragen sollten Sie sich immer mal wieder stellen. Wählen Sie ein vernünftiges Leistungsmaß, um dauerhaft glücklich zu bleiben. Planen Sie nicht 100 Prozent ein, denn 60 Prozent verplante Energie bedeutet meist mindestens 90 Prozent real eingesetzte Energie.

Zu der beschriebenen weisen Mäßigung gehört außer der inneren Messlatte noch ein weiterer Gesichtspunkt. Mit dem Wörtchen »weise« – das gilt es dabei zu beachten – ist etwas anderes als Cleverness gemeint. Wer clever ist, der kommt durch, der schlägt sich durch (vielleicht sogar auf Kosten anderer). Weisheit geht viel tiefer. Weisheit entwickelt sich durch einen permanenten Dialog mit sich selbst, mit anderen Menschen, mit Erfahrungen, sie reift durch das Öffnen der eigenen Begrenzungen, innere Klarheit und auch mal inneres Chaos, durch das Erleben von Freude und Not, Liebe und Wut. Ein weiser Mensch kann die Geschehnisse und Begegnungen im Leben integrieren und ihnen einen stimmigen Platz zuweisen. Äußere Gegebenheiten werden nicht gleich bewertet, sondern bekommen ihren Raum im Weltbild. Ein weiser Mensch ist in der Lage, Gegensätze zu vereinen, und er hat sich auf eine Begegnung mit sich selbst eingelassen.

Weisheit ist nicht ausschließlich eine Frage des Alters. Wohl aber eine Frage des Glücks, denn weise Menschen sind keine unglücklichen Menschen. Um nachhaltig glücklich zu werden, ist es ratsam, dass Sie alles, was Ihnen begegnet, in Ihr Leben integrieren, ohne dabei Ihre innere Klarheit zu verlieren. Festigkeit und Beweglichkeit können gleichzeitig vorhanden sein. Betrachtung kommt ohne Bewertung aus.

Zwei wichtige Faktoren für Ihren persönlichen inneren Anker haben wir nun schon beleuchtet: Welches sind wirklich Ihre eigenen Lebensziele? Und: Wie hoch ist Ihr eigener Leistungsmaßstab angelegt, auf welchem Level fühlen Sie sich noch wohl? Als nächsten Faktor möchten wir den Aspekt der Muße, des kreativen Freiraums hinzufügen. Die Möglichkeit, sich selbst zu entfalten, wird zur Stärkung Ihres Selbstbewusstseins und damit zur Verfestigung Ihres inneren Ankers beitragen.

Muße finden

Für ein nachhaltiges Lebensglück ist die Wiederentdeckung der Muße im eigenen Leben wichtig. Der Begriff Muße ist mit *Muse* verwandt, jenen antiken Göttinnen, die die Menschen zu kreativen Leistungen inspirierten. Muße finden heißt etwas zu tun, was Freude macht, neue Seiten in uns öffnet, uns den Alltag vergessen lässt – ein schöpferisches Genießen.

Der Mediziner Christoph Hufeland (1762–1836) sagte: »Muße ist das Gegenteil vom Nichtstun. Es ist gesteigerte Empfänglichkeit. Ein Tun, das nicht aus dem Zwang der Not kommt, nicht aus der Gier nach Gewinn, nicht aus dem Gebot oder der Pflicht, sondern allein aus der Liebe und der Freiheit. Es ist die anspruchsvollste aller Beschäftigungen, weil sie aus dem Kern unseres Wesens hervorgeht, und aus der Freude am Schaffen selbst getan wird. Es ist die Fähigkeit zum Staunen und zum Ergriffensein.« Genauso wollen auch wir den Begriff der Muße verstanden wissen.

Kennen Sie das beschriebene Gefühl der Muße? Erlebt hat es sicher jeder schon mal. Wie aber kann es ein dauerhafter Gast in unserem Leben werden? Eine Form, regelmäßig Muße zu finden, könnte beispielsweise ein Hobby sein. Leider müssen wir uns aber häufig fragen, wann wir zum letzten Mal einem Hobby nachgegangen sind, das der Definition Hufelands gerecht wird. Wenn wir vor lauter beruflichen und familiären Aufgaben überhaupt noch Zeit für Hobbys haben, dann sind es häufig welche, die doch irgendwie mit dem Beruf verknüpft sind: Dann wird Golf hauptsächlich wegen der Kontakt- und Netzwerkpflege gespielt, andere sportliche Hobbys werden als reiner körperlicher Ausgleich zum stressigen Bürojob gesehen. Wie sagte ein Klient kürzlich? »Ich laufe jeden Tag um sechs Uhr in der Früh, das ist gesund und ich darf nicht zunehmen.« Das klang weder nach Muße noch nach sinnlicher Empfänglichkeit und Freude. Das Wesentliche an der Muße ist aber die von innen gelebte Freude, die durch ein schöpferisches Genießen entsteht. Wirklicher Genuss ist mehr und mehr zur Mangelware geworden, oder wann haben Sie sich das letzte Mal genussvoll ein Stück Schokolade auf der Zunge zergehen lassen und es nicht nebenbei beim Autofahren oder am Computer heruntergeschlungen?

Jetzt sagen Sie sich vielleicht: Das ist ja alles schön und gut, aber wie soll ich mir nun auch noch für die Muße Zeit nehmen? Wir möchten hier keine detaillierten Ausführungen über das Zeitmanagement machen. Wenn Sie schon mal ein entsprechendes Seminar besucht haben, dann werden Sie festgestellt haben, dass man dort viele nützliche Techniken vermittelt bekommt, von denen man leider im Alltag nur wenige anwendet. Sie können diese Techniken in Büchern oder im Internet nachlesen, die Vermittlung des Wissens ist meist nicht das Problem. Häufig fehlt uns der wirkliche Wille, etwas zu ändern. Die Aussage von Antoine de Saint-Exupéry bringt es auf den Punkt: »Willst du ein Schiff bauen, rufe nicht Männer zusammen, um Holz zu beschaffen und Werkzeuge vorzubereiten, sondern lehre sie die Sehnsucht nach dem weiten, endlosen Meer.« Im übertragenen Sinne bedeutet dies: Die Sehnsucht nach Veränderung muss aus Ihrem Inneren kommen. Denken Sie an die Selbstorientierung. Deshalb möchten wir Ihnen die folgenden zehn Gebote, die ein Benediktiner-Mönch einmal formulierte, für den sinnvollen und glücklichen Umgang mit der Zeit ans Herz legen.

Zehn Gebote für den Umgang mit der Zeit

1. Nimm dir Zeit zum Arbeiten, das ist die Grundlage für den Erfolg!
2. Nimm dir Zeit zum Nachdenken, das ist die Quelle der Kraft!
3. Nimm dir Zeit zum Spielen, das ist das Geheimnis der Jugend!
4. Nimm dir Zeit zum Lesen, das ist das Fundament des Wissens!
5. Nimm dir Zeit für die Bewegung, das hält dich flexibel!
6. Nimm dir Zeit für die Freude, das ist die Quelle des Glücks!
7. Nimm dir Zeit für die Liebe, das verbindet!
8. Nimm dir Zeit zum Träumen, das eröffnet dir neue Horizonte!
9. Nimm dir Zeit zum Lachen, das hilft dir, die Bürden des Lebens zu tragen!
10. Nimm dir Zeit zum Planen, dann hast du für die übrigen neun Dinge Zeit genug!

Energie schöpfen

Mit dieser Übung können Sie neue Energie tanken. Sie eignet sich hervorragend bei einem aufkommenden Ermüdungsgefühl.

Wiederholen Sie die folgenden Schritte immer wieder für etwa fünf Minuten:

- Atmen Sie vollständig aus. Pressen Sie die gesamte Luft aus Ihren Lungen.
- Atmen Sie langsam ein, während Sie die Arme langsam nach oben strecken. Stellen Sie sich dabei vor, dass Liebe, Friede und Harmonie aus dem Kosmos in Ihren Körper strömen.
- Halten Sie den Atem so lange wie möglich an. Halten Sie die Arme weit nach oben gestreckt und genießen Sie die innere und äußere Harmonie.
- Atmen Sie rasch und heftig aus. Pressen Sie wieder die Luft vollständig aus Ihren Lungen.
- Und wieder einatmen wie in Schritt zwei.

Freier Blick mit weitem Sichtfeld

Der nächste Baustein für den persönlichen inneren Anker ist die individuelle Betrachtungsweise der Welt. Gerade die innere Bewertung macht es manchmal aus, ob man mit dem eigenen Leben zufrieden ist oder nicht. Es kommt also auf den Blickwinkel an, unter dem wir die Dinge betrachten. Es gibt Menschen, die die Ereignisse im Leben als Hindernisse oder Schwierigkeiten bewerten, andere dagegen sehen die gleichen Umstände als Herausforderung und Möglichkeit, Flexibilität zu entwickeln.

In diesem Kapitel möchten wir die verschiedenen Blickwinkel in Form von unterschiedlichen Brillen näher betrachten. Wir alle tragen eine solche Brille, durch die wir die Welt subjektiv anschauen und bewerten. Die Sichtweise auf das Leben ist zum Teil eine Frage der Erziehung, der Erfahrungen und der inneren Einstellung. Die häufigsten Brillen sind die Finsternisbrille, die rosarote Brille und die Tunnelbrille. Prüfen Sie doch mal, ob Sie sich als den einen oder anderen Brillenträger enttarnen können.

Die Finsternisbrille

Es gibt Menschen, denen die Welt und ihre Lebensumstände recht dunkel erscheinen. Sie betrachten überwiegend das Negative und das Fehlen von wünschenswerten Elementen. Es entsteht der Eindruck, dass diese Menschen vom Schicksal und vom Leben nur missgünstig behandelt worden sind. Sie wähnen sich als Opfer widriger Umstände oder schlechter Menschen: Die Ehefrau ist schlampig, der Chef ein Idiot und das Wetter ist grundsätzlich schlecht. Die hellen Strahlen werden mit dieser dunklen Sonnenbrille, der Finsternisbrille, weggefiltert.

Menschen mit Finsternisbrillen entwickeln häufig die Idee, dass nur sie vom Leben gebeutelt werden und dass es anderen grundsätzlich besser geht. Jegliche Anstrengung in ihrem Leben hat nicht zu dem gewünschten Erfolg geführt. Sie sind daher frustriert und fühlen sich durch die ständigen Versuche, ihr Ziel doch noch zu erreichen, kraftlos und krank. Das kann so weit gehen, dass Finsternisbrillenträger chronische Krankheiten oder Schmerzsymptome entwickeln, nur noch bedingt arbeitsfähig sind und sich sozial zurückziehen. Sie setzen mit ihrer Sichtweise nicht nur sich selbst, sondern häufig auch andere Menschen schachmatt. Egal welches gut gemeinte Angebot an sie herangetragen wird, irgendwann wird ein Fehler darin entdeckt. Im Volksmund hat sich dafür der Spruch entwickelt, immer ein Haar in der Suppe zu finden. Aufforderungen und Einladungen werden mit dem Argument abgebogen, dass das für sie körperlich ja nicht zu schaffen ist: »Vielen Dank für die Einladung zu deinem Geburtstag, aber ich kann nicht kommen, da du ja weißt, dass ich unter Rückenschmerzen leide und daher nicht 60 Kilometer Auto fahren kann.«

Probleme, die sich bei den Finsternisbrillenträgern im Laufe der Zeit entwickeln, sind die soziale Vereinsamung, eine Einschränkung in der Freizeitgestaltung und häufig eine Fixierung auf körperliche Beschwerden. Die Träger dieser Brille bleiben als Mahnmal allein im Regen stehen: »Seht her, mir geht es so schlecht und niemand kann mir helfen.« Keinem ist es zu verdenken, dass man bei solchen Menschen nicht lange verweilen möchte.

Ein konkretes Beispiel:
Eine 47-jährige Frau kommt zur Beratung und berichtet, dass sie seit Jahren unter starken Rückenschmerzen und einem Fibromyalgiesyndrom, also schmerzhaften Punkten in verschiedenen Muskelgruppen leide. Sie habe bereits Bandscheibenvorfälle gehabt. Durch die Schmerzen habe sie in den letzten Jahren häufig Fehlzeiten bei der Arbeit hinnehmen müssen. Der Beruf mache ihr keinen Spaß mehr, »der Umgang miteinander stimmt nicht mehr und die inhaltliche Arbeit ist niveaulos geworden«. Eine Ehe habe nicht geklappt, Kinder habe sie keine. »Alle Lebensziele, die ich hatte, habe ich nicht erreicht.« Anregungen, sich mehr mit Freunden zu treffen, ein Hobby aufzunehmen und sich trotz der Schmerzen etwas zu bewegen, tat sie mit der Begründung ab, dass sie nach der Arbeit so müde sei, dass sie nichts mehr machen könne. Positive Aspekte in ihrem Leben konnte die Frau nicht als solche wahrnehmen.

Diese Klientin, die ihre Finsternisbrille nicht so ohne Weiteres abnehmen will, musste allmählich in die Lage versetzt werden, wieder selbst aktiv zu handeln und die Erlösung nicht mehr nur in der Hilfe von außen zu erhoffen.

Die rosarote Brille

Eine andere, beinahe gegensätzliche Form ist die rosarote Brille. Durch sie wird das Leben von der positiven Seite betrachtet – und zwar ausschließlich. Die Träger solcher Brillen nehmen das Leben leicht, sie sehen wenige Probleme. Wie beschreibt es ein Reggae-Song sehr gut? *Don't worry, be happy.* Menschen mit dieser Brille haben den Vorteil, meist gute

Laune und ein Gefühl der Leichtigkeit zu verbreiten. Diese Einstellung ist zunächst angenehm. Doch irgendwann kommt der Punkt, wo man sich doch näher und intensiver mit Themen auseinandersetzen oder in einen echten Dialog eintreten möchte. Die Träger rosaroter Brillen sind häufig geneigt, die Realität außer Acht zu lassen. Nach dem Motto: »Ich möchte da nicht so genau hinsehen, das wird schon klappen, mach dir mal keine Gedanken«, werden leicht Warnsignale überhört. Es wird dann doch der Kredit für das Haus aufgenommen, der bei näherer Betrachtung aber kaum zu finanzieren ist. Von den rosaroten Brillenträgern wird ein realistischer Dialog oft abgebogen. Tiefere Schichten, auch in einer Beziehung, können sie damit aber nicht erreichen. Bei diesen Menschen mag man sicher gern etwas verweilen, aber Wurzeln schlagen will man bei ihnen vielleicht nicht.

Ein konkretes Beispiel:
Ein 37-jähriger sehr gut und businessgerecht gekleideter Mann kam in die Praxis und begann das Gespräch mit dem Satz: »Ich habe alles, einen guten Job, teure Autos, maßgeschneiderte Klamotten. Ich weiß nur nicht genau, für welche Frau ich mich entscheiden soll. Bei mir hat alles gestimmt – auch mein Elternhaus war prima.« Bei dem vorsichtigen Versuch, seine Aussage zu hinterfragen, wechselte er ziemlich rasch das Thema. Es fiel auf, dass dieser Mann keinen Millimeter von seiner Vorstellung »alles war und ist prima« abrücken konnte und die Dinge unter einem positiv verklärten Blickwinkel betrachtete. Es war aber eher Einsamkeit und eine Suche nach Verbundenheit zu spüren, und irgendein unbewusster Grund musste ihn ja schließlich auch in die Praxis getrieben haben. Diese tiefer liegenden Bedürfnisse aber wurden durch ein perfektes äußeres Bild im Verborgenen gehalten.

Durch die gemeinsame Arbeit konnte dieser Mann seine rosarote Brille immer häufiger absetzen, die Realität zu betrachten beginnen und sogar seine verletzbare Seite zeigen. Mit dieser Wandlung war er in der Begegnung nun viel mehr spürbar, er gewann an Persönlichkeit.

Die Tunnelbrille

Der dritte Brillentyp ist die Tunnelbrille. Der Träger dieser Sehhilfe ist in der Lage, all die Dinge, die er nicht sehen will, auszublenden. Er gewährt sich selbst nur ein sehr eingeschränktes Sichtfeld, denn er begrenzt es durch eine Art von Scheuklappen. Außerdem hat er im verbleibenden Sichtfeld häufig auch noch blinde Flecken, die wie eine Augenklappe Teile des Sichtfeldes abdecken. Und dann sagt er sich: »Was ich nicht sehen kann, das gibt es auch nicht.«

Kurzfristig verschafft solch eine Brille zweifellos Erleichterung. Wir müssen uns nicht immer sofort mit unangenehmen Dingen beschäftigen, manchmal übersehen wir sie auch für lange Zeit. Doch nervige Sachen verschwinden dadurch nicht, sie werden auch nicht weniger. Meist kann erst ein starker Orkan diese Brille wegblasen, und der Brillenträger ist nun genötigt, sich den Schaden anzusehen. Meist zieht das große Aufräumarbeiten nach sich, die eine Weile dauern können. Und nichts ist mehr so wie vorher.

Auch bei diesen Menschen mag man recht gern verweilen. In kritischen Momenten sollte man aber das Weite suchen, da man sich nicht darauf verlassen kann, dass die Vorboten des Orkans zufällig im verbleibenden Sichtfeld liegen. Vor allem der Brillenträger selbst sollte sich etwas mehr um die Warnzeichen kümmern.

Ein konkretes Beispiel:
Ein 40-jähriger Mann war vollkommen in seine berufliche Aufgabe als Softwareentwickler eingebunden. Er war häufig in ganz Europa unterwegs und ging seinem Ziel nach, eine Entwicklungsabteilung zu übernehmen. Mit diesem Fokus verlor der Mann die Bedürfnisse seiner Familie und seines Körpers völlig aus dem Blick. Er litt unter Schlafstörungen und nahm Schlafmittel, erhöhte tagsüber kontinuierlich den Kaffeekonsum und schaffte es zeitlich nicht mehr, mal seine Kinder zu Bett zu bringen. Erst durch einen Autounfall wurde er wachgerüttelt. Häufig braucht es heftige Ereignisse, damit ein solcher Klient seine Tunnelbrille abnimmt. Ihm musste dann geholfen werden, die anderen Lebenskreise wieder in sein alltägliches Leben einzubinden.

All diese Brillen sind zuweilen sinnvoll. Wenn die Sonne zu sehr blendet, tragen wir ja auch eine Sonnenbrille – aber im Dunkeln macht diese keinen Sinn. Manchmal können wir nur durch den kurzfristigen Einsatz solcher Sichthilfen handlungsfähig bleiben. Daher können Sie gern die Finsternisbrille, die rosarote Brille und die Tunnelbrille bei sich tragen. Der Dauereinsatz führt aber schlichtweg zur Fehlsichtigkeit.

Freier Blick auf die Realität

Wir möchten Sie dazu ermuntern, in den meisten Stunden des Tages und in den meisten Jahren Ihres Lebens ihre Lebensbrille abzusetzen und die Realität zu betrachten. Je früher und öfter Sie dies trainieren, umso leichter fällt es Ihnen. Sie können Ihre Wahrnehmung mit einer einfachen Entspannungs- bzw. Meditationsübung schärfen – die folgende Übung zeigt, wie es geht.

Meine Wahrnehmung

Setzen oder besser noch legen Sie sich entspannt hin. Richten Sie Ihre Aufmerksamkeit auf den Atem. Bestätigen Sie jeden Atemzug mit einer einfachen Benennung: »einatmen«, »ausatmen«. Sagen Sie die Worte sanft im Stillen, in Gedanken. Dadurch unterstützt Ihr Denken das bewusste Wahrnehmen und Ihre Gedanken wandern nicht in irgendeine andere Richtung davon. Mit etwas Übung werden Ihre Wahrnehmung und Ihre Benennungen präziser werden, dann sagen Sie sich: »langer Atem«, »kurzer Atem« oder »entspannter Atem«.

Sie können den Prozess des Benennens nun auf andere Dinge ausdehnen, die Sie wahrnehmen, auf körperliche Energien und Empfindungen wie »jucken«, »kitzeln«, »heiß« oder »kalt«. Außerdem sollten Sie auch Stimmungen und Gefühle benennen wie »Hunger«, »Vergnügen«, »Angst« oder auch Sinneswahrnehmungen oder Aktivitäten, die Sie in sich feststellen, wie »hören«, »planen«, »erinnern« oder Ähnliches. Durch das Benennen schärfen Sie die eigene Wahrnehmung, andere Sichtweisen bekommen Raum. Wenn Sie beispielsweise Ihre Angst benennen, machen Sie sie sich bewusst und können sie dann auch besser verarbeiten.

Bleiben Sie während des Benennens mit der Aufmerksamkeit bei Ihrem Atem, sofern nicht eine stärkere Wahrnehmung auftaucht, die Sie ablenkt. Nehmen Sie diese neue Wahrnehmung mit in Ihre Meditation hinein, lassen Sie sie zu und benennen Sie sie, solange sie währt, »hören, hören, hören, …« oder »traurig, traurig, traurig, …«. Wenn die neue Wahrnehmung vorbei ist, kehren Sie wieder zum Benennen des Atems zurück, bis eine neue starke Abweichung auftaucht. Die Meditation soll einfach bleiben, konzentrieren Sie sich jeweils auf nur eine Sache, benennen Sie immer das, was im Augenblick im Vordergrund steht. Verwenden Sie 95 Prozent der Energie auf die Wahrnehmung und nur 5 Prozent auf das Benennen.

Diese Übung können Sie immer dann ausführen, wenn Sie mit sich allein sind, zum Beispiel morgens im Bett oder nachmittags im Park. Die Dauer der Übung richtet sich ganz nach Ihnen – aber zehn Minuten sollten es mindestens sein.

Frei von jedem Filter und jeder Einschränkung des Sichtfeldes sind Sie in der Lage, das Ganze zu sehen. Vielleicht ist das zu Beginn sogar überwältigend, vielleicht erstaunlich oder in manchen Punkten erschreckend. Wer das Ganze sehen kann, nimmt Gutes, Fröhliches, Merkwürdiges, Unbekanntes, Schlechtes, Trauriges, Kreatives, Bewegendes und so weiter gleichzeitig wahr. Anstatt dass wir alles nur »happy« sehen, tauchen vielleicht auch Dinge auf, die uns traurig und wütend machen. Das Ganze schließt nichts aus. Ja, das alles gibt es! Ein freier Blick lässt uns erkennen, dass es neben dem Fröhlichen auch die Trauer gibt, dass es neben Gesundheit und Wohlbefinden auch die Krankheit und das Unwohlsein gibt, dass es neben Wachstum auch Vergehen gibt, neben Begegnung auch Abschied, neben Erreichen auch Verfehlen und neben dem Leben auch das Sterben. Alles das ist wahr und gehört zum Ganzen. Es ist normal. Es ist normal zu fühlen, dass es mir mal gut, aber auch mal schlecht geht. Es ist normal zu begreifen, dass unser Köper gefordert und gepflegt werden möchte. Blenden Sie nicht dauerhaft die andere Seite aus. Haben Sie den Mut, alles zu betrachten. Seien Sie neugierig! Wir können im Leben nicht das eine ohne das andere haben. Wenn wir auf die Welt kommen, ist bereits beschlossen, dass wir irgendwann sterben werden. Wenn wir Geld verdienen wollen, müssen wir arbeiten. Wer etwas haben möchte, muss auch etwas geben. Manche Menschen wollen alles haben, ohne zu geben, und manche Menschen geben alles, ohne etwas davon zu haben oder für sich einzufordern. Wer glücklich sein will, muss für sich einen Ausgleich auf allen Ebenen finden. Es gibt nicht nur Gesundheit und Leben, nicht nur den ewigen Aufstieg, die grenzenlose Maximierung, nicht nur junge, dynamische, gebildete und erfolgreiche Menschen. Unsere Ressourcen, zeitlich, ökologisch, ökonomisch, emotional, sind nicht unerschöpflich. Wir leben nicht im ewig dauernden Frieden. Die Erfolge sind nicht statisch, nach dem Motto: »Einmal oben, immer oben.« Ein nachhaltiges Lebensglück ist davon abhängig, wie gut wir in der Lage sind, alle Blickwinkel in unserem Leben zu integrieren. In der Praxis erleben wir häufig, das Menschen sagen: »Das hätte ich nicht gedacht, dass mir so etwas passiert, mir bestimmt nicht.« Wenn wir ehrlich sind, wissen wir nicht, was uns das Morgen bringt. Wir können uns gute Strukturen schaffen, die uns vor Erschütterungen bewahren. Dennoch sollte es im Bereich des Möglichen bleiben, die Elemente unseres Lebens neu zusammenzufügen, wie wir es als Kinder ja auch mit unseren Bausteinen taten, die stets zu neuen Formen zusammengebaut wurden.

Jede dauerhafte Verdrängung oder anders ausgedrückt: der permanente Einsatz einer der benannten Brillen führt dazu, dass uns irgendwann, häufig zu einem überraschenden und total ungünstigen Zeitpunkt, die Flutwelle erwischt. Sie trifft uns dann mit geballter Macht und voller Stärke, und wir haben noch nicht einmal Schwimmwesten an. Auch stehen uns keine Übungsmuster zur Verfügung, mit unserer Katastrophe umzugehen. Um es an einem Beispiel zu konkretisieren: Häufig ist das Thema Tod in unserer Gesellschaft mit Angst und Hilflosigkeit verbunden. Die Fragen, die wir doch alle haben, werden nicht gestellt, weder aufseiten des Sterbenden noch aufseiten der Angehörigen. Würden wir von Jugend an einen selbstverständlicheren Umgang mit diesem Thema üben, dann würde der Tod zum einen seinen Schrecken verlieren und zum anderen würden wir Muster und Antworten entwickeln, wie wir mit unserer Endlichkeit besser umgehen können. Gerade dieses Thema, die Endlichkeit, wird in der Praxis sehr oft (und ängstlich) diskutiert, die Angst vor dem Älterwerden, die Sorge vor dem beruflichen Abstieg, die Befürchtung des Endes einer Beziehung, das Gefühl von Leere, wenn die Kinder aus dem Haus gehen. Ein nachhaltiges Lebensglück integriert auch die schwierigen Seiten im Leben und die Vergänglichkeit von allem, sodass wir den gelungenen und leichten Seiten dann wieder mit mehr Bewusstheit Beachtung schenken können.

Die eigene Sichtweise

Überlegen Sie sich, welche Brillen sich in Ihrer Tasche bzw. auf Ihrer Nase befinden. Wie gehen Sie mit den alltäglichen Situationen im Leben um? Setzen Sie sich gedanklich einmal bewusst die verschiedenen Brillen auf. Welche Ideen entwickeln Sie mit dem Blick durch die drei Brillen? Machen Sie sich hierzu einige Stichpunkte.

Was sehen Sie in Ihrem Leben, wenn Sie die Finsternisbrille aufhaben?

___

___

___

Was sehen Sie in Ihrem Leben, wenn Sie die rosarote Brille aufhaben?

___

___

___

Was sehen Sie in Ihrem Leben, wenn Sie die Tunnelbrille aufhaben?

___

___

___

Und wie ist es mit dem freien Blick auf die Realität?

___

___

___

Die eigene Lebenszufriedenheit beginnt damit, immer wieder bewusst das Ganze wahrzunehmen und in die eigenen Überlegungen und Planungen einzubeziehen. Sie merken schon, dass wir es im Leben mit einer Dynamik, also mit sich veränderbaren Koordinaten zu tun haben. Der Begriff Dynamik kommt aus dem Griechischen: *Dynamis* und heißt übersetzt »Kraft, Macht«, in der Physik verstehen wir darunter eine auf Veränderung gerichtete Kraft. Damit wir uns anpassen können, brauchen wir zum einen Übung, zum anderen Werkzeuge, die uns helfen, uns immer wieder dem Neuen anzupassen. Statt die Dynamik aufhalten zu wollen, die ja ohnehin eine größere Macht und Kraft hat, sollten wir unsere Energie darauf verwenden, auf der Welle zu reiten, und zwar jeder mit seinem eigenen Stil und seiner zu ihm passenden Technik.

Bedürfnisse und Motivation als innere Kraft

Der nächste Aspekt zur Erstellung Ihres inneren Ankers ist die Frage nach der eigenen Motivation und den persönlichen Bedürfnissen. Was gibt Ihnen die Kraft, vorwärtszugehen und sich so manchen Schwierigkeiten zu stellen? Welches ist Ihr innerer Motor, der Sie antreibt? Aus welchem Grund strengen Sie sich an? Warum kündigen Sie und wechseln die Firma? Warum sparen Sie für ein Häuschen im Grünen? Warum engagieren Sie sich im Verein?

Alle diese Fragen führen letztlich zu Ihren Bedürfnissen, die Sie gern in Ihrem Leben befriedigen möchten. Unsere Bedürfnisse geben uns Kraft und Impulse, Dinge zu erreichen oder Unliebsames zu ändern – sie lassen uns aber auch ab und an in verhängnisvollen Umständen stecken bleiben. In diesem Kapitel werden Ihre Bedürfnisse unter die Lupe genommen, und Sie werden den Motor Ihrer Lebensentscheidungen kennenlernen.

Maslows Bedürfnispyramide

Es ist eine grundlegende Frage: Was gibt Menschen den Antrieb, was bewegt sie, sich so zu verhalten, wie sie sich verhalten? Zu Beginn des 20. Jahrhunderts hat sich der Psychologe Abraham Maslow diese Frage gestellt und mit seiner bekannten Bedürfnispyramide beantwortet. Damit brachte er menschliche Motivationen, Emotionen, Triebe und Wünsche in eine hierarchische Ordnung. In dieser Ordnung wird davon ausgegangen, dass erst nach der Erfüllung der sogenannten Grundbedürfnisse wie Essen, Trinken, Schlafen auch höherrangigе Bedürfnisse wie Wissen, Erforschen, Anerkennung, Sicherheit eine Rolle spielen. Die von Maslow aufgestellten Bedürfnisse wollen wir im Folgenden kurz erläutern.

Physiologische Bedürfnisse

Maslow geht davon aus, dass zunächst die wichtigsten Bedürfnisse nach Trinken, Essen und Sexualität befriedigt werden müssen. Wenn wir hierin keinerlei Mangel mehr haben, uns diese Bedürfnisse also jederzeit in unserem Leben erfüllen können, dann verlieren sie an alltäglicher Bedeutung und die nächste Stufe kann wichtiger werden.

Sicherheitsbedürfnisse

Als nächste Stufe benennt Maslow die Bedürfnisse nach Sicherheit, Stabilität, Ordnung, Schutz, Freiheit von Angst und Chaos sowie den Wunsch nach Struktur und Gesetz. Dieses Bedürfnis nach Sicherheit ist mit den Terroranschlägen vom 11. September 2001 weltweit deutlich in den Vordergrund getreten. Wenn die physiologischen Bedürfnisse befriedigt sind, die Sicherheitsbedürfnisse aber nicht, bestimmen diese weitgehend unser Verhalten. Menschen wünschen sich eine vorhersagbare Welt, Inkonsistenz und Ungerechtigkeit verunsichern sie.

Zugehörigkeits- und Liebesbedürfnisse

Als dritte Stufe ist das Bedürfnis nach der Zugehörigkeit zu einer Familie, Gruppe oder Gemeinschaft zu nennen. Das Gefühl: »Ich bin einer von euch«, ist uns wichtig. In einer verbindlichen Gemeinschaft kann das Bedürfnis nach Liebe und Anerkennung befriedigt werden. Viele Jugendliche nutzen hierfür die Zugehörigkeit zu Peergroups oder zu einer Fangemeinde. Ergebnisse soziologischer Studien bestätigen die häufig negativen Auswirkungen von Entwurzelung aus Bezugsgruppen (Umzug in einen anderen Ort; Auflösung der Familie durch Scheidung, Emigration oder Flucht).

Wertschätzungs- und Geltungsbedürfnis

Die vierte Stufe der Bedürfnisse umfasst zum einen den Wunsch nach Stärke, Leistung und Kompetenz, zum anderen das Bedürfnis nach Prestige, Status, Ruhm und Macht. Darauf gründet sich das Selbstwertgefühl eines Menschen. Dieses kann beispielsweise auch durch große Hilfsbereitschaft und soziales Engagement in den sogenannten helfenden Berufen oder ehrenamtlichen Tätigkeiten erfüllt werden.

Bedürfnis nach Selbstverwirklichung

Mit dem Bedürfnis nach Selbstverwirklichung, Maslow nennt es auch Selbstaktualisierung, spricht er in der letzten Stufe das Streben nach der Entwicklung der eigenen Persönlichkeit an. Die Effekte dieses Strebens sind von Person zu Person sehr unterschiedlich. Der Mensch im Allgemeinen aber drängt danach, die Einheit seiner Persönlichkeit zu erleben, er ist auf der Suche nach Wahrheit und nach Sinn. Er drängt nach *vollem Sein*: Heiterkeit, Freundlichkeit, Mut, Ehrlichkeit, Liebe, Güte.

In der Literatur wurde das Thema Bedürfnishierarchie in einer Kurzform zusammengefasst. Erst wenn die Grundbedürfnisse zum Überleben wie Essen, Trinken und Sexualität befriedigt sind, kann überhaupt ein moralisches Denken einsetzen. Wie es Bertolt Brecht auf den Punkt brachte: »Erst kommt das Fressen, dann kommt die Moral.«

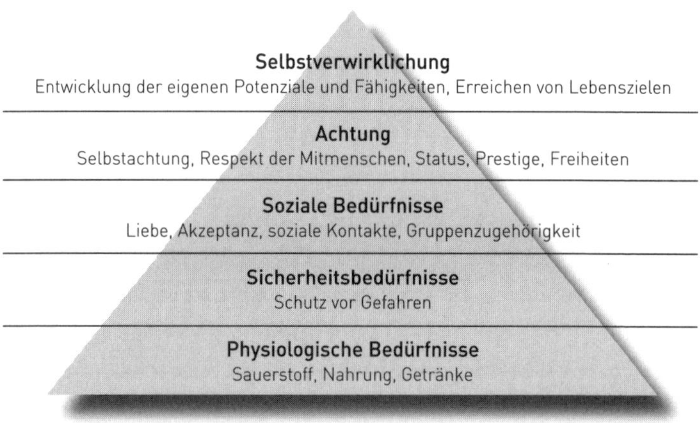

Die Maslow'sche Bedürfnispyramide

Bedürfnisse in der modernen Gesellschaft

Für die Gesellschaft des 19. und 20. Jahrhunderts hat Maslow die beschriebene Bedürfnispyramide sicherlich passend aufgestellt. Wir möchten die Grundthemen von Maslow für die heutige Gesellschaft etwas mehr differenzieren, damit Sie selbst gezielter überlegen können, was Sie in Ihrem Leben motiviert. Die physiologischen Bedürfnisse sind sicherlich auch in unserer Zeit die gleichen. Essen, Trinken, Schlafen und gelebte Sexualität spielen weiterhin eine tragende Rolle. Durch die Globalisierung, die Vernetzung und die Veränderungen unserer gesellschaftlichen Lebensformen sind erhebliche Neustrukturierungen und Neubewertungen anderer Bedürfnisse eingetreten. Diese sind unter anderem durch folgende Faktoren bedingt:

Faktor Globalisierung

Mobilität

Es ist ein deutliches Bedürfnis nach rascher und problemloser Mobilität entstanden. Flugzeuge werden heutzutage benutzt wie früher Busse. Es können weite Entfernungen problemlos zurückgelegt werden. Ein Arbeitsplatz in New York ist mit einem Privatleben in Berlin vereinbar. An eine gute Mobilität werden Bedürfnisse wie rasche Erreichbarkeit, schnelle Abwicklung, angenehmer Service und unbegrenzte Verfügbarkeit gestellt. Die vorhandene Infrastruktur bestimmt heutzutage unsere Möglichkeiten und mobilen Bedürftigkeiten.

Wirtschaft

Die globale Wirtschaft ist aktuell keine sichere Größe mehr. Die Betriebswirtschaft geht ohnehin von wirtschaftlichen Zyklen aus, sodass von einer permanenten Stabilität nicht ausgegangen werden kann. Maslow hat die Bedürfnisse nach Stabilität, Zuverlässigkeit und Ordnung an zweite Stelle gesetzt. Eine äußere Stabilität und Ordnung ist allerdings zunehmend wackeliger geworden. Dies wird dazu führen, dass die innere Ordnung und Klarheit eines jeden Einzelnen ansteigen muss, um eine äußere destabile Situation zu kompensieren.

Absicherung durch den Sozialstaat

Der deutsche Sozialstaat bietet uns eine gute Ordnung und Sicherheit im alltäglichen Leben, sodass die Befriedigung der Grundbedürfnisse für deutsche Bürger gewährleistet ist. Zumindest galt dies bisher. An dieser Zuverlässigkeit wird immer häufiger gezweifelt. Die Renten sind nicht sicher, genauso wie eine ausreichende Versorgung bei Arbeitslosigkeit. Auch eine angemessene gesundheitliche Versorgung wird zunehmend infrage gestellt. Das Vertrauen in unsere soziale Sicherheit beginnt zu schrumpfen. Der Wunsch nach Klarheit und einer Grundabsicherung wächst. Für einige Bürger ist in Deutschland die Erfüllung der Primärbedürfnisse infrage gestellt. Projekte wie *Die Tafel* zeigen, dass es in wachsenden Bevölkerungsschichten bereits Mängel in der Grundversorgung gibt.

Politik

In Deutschland haben wir seit über 60 Jahren stabile politische Verhältnisse. Es wechseln zwar die regierenden Parteien und die politischen Programme, doch wir können auf eine lange Zeit der Demokratie zurückblicken. Das Bedürfnis nach politischer Stabilität ist eher in den Hintergrund gerückt. Doch in der letzten Zeit beginnen viele Menschen, an der Stabilität und Glaubwürdigkeit unserer Politik zu zweifeln. Deutschland kann sich aus den globalen politischen Geschehnissen nicht zurückziehen und kämpft im Inneren mit einer Neuorientierung der sozialen Absicherung.

Bedrohung durch Terrorismus

Durch die globalen terroristischen Ausschreitungen ist das Bedürfnis nach Sicherheit und Schutz vor unberechenbaren Angriffen gewachsen. Die Kontrollen an Flughäfen und in öffentlichen Gebäuden nehmen weltweit zu. Dabei werden der Verlust der persönlichen Privatsphäre und die drohende vollkommene Überwachung in Kauf genommen. Im Gegenzug scheint allerdings das Bedürfnis nach privaten Rückzugsmöglichkeiten zuzunehmen.

Faktor weltweite Vernetzung und Technisierung

Internet

Durch das Internet ist das Bedürfnis nach Wissens- und Informationserwerb stark gewachsen. Wir möchten überall mitreden und mitbestimmen können. Es ist alles bestellbar, wir können im Internet zu Kleinhändlern werden oder unser Leben der Öffentlichkeit darlegen. Chatforen, virtuelle Welten und Internet-Communitys bilden eine moderne Form der Zugehörigkeit und der Peergroups. Das Internet ermöglicht eine Anteilnahme am Geschehen der Welt, selbst in entlegenen Gegenden. Es wächst das Bedürfnis, am globalen Handeln teilzunehmen.

Mobile Telefone – ständige Erreichbarkeit

Die mobilen Telefone sind unsere alltäglichen Begleiter geworden. Wir haben sie in der Hand – oder sie uns. Das Bedürfnis, ständig und sofort erreichbar zu sein, ist gewachsen. Das Telefon verfolgt uns in die letzten Winkel der persönlichen Privatsphären, es begleitet uns bis ins Badezimmer. Das Bedürfnis steigt, immer mehr Kleinigkeiten und Einzelheiten auszutauschen: »Wo bist du?«, »Was machst du gerade?« Jeder kennt die mitteilsamen Gespräche des Sitznachbarn in der Bahn. Der mobile Begleiter ermöglicht uns, jede Minute des Seins mit Kommunikation zu verbringen. Es ist vielleicht die moderne Form, in Verbindung zu bleiben.

Reisegewohnheiten

Die Welt zu bereisen stellt heute kein wirkliches Problem mehr da. Wir können fast überall hin, zu fast jeder Zeit. Die Gründe, fremde Länder zu bereisen, sind zahlreiche. Zum einen gibt es die Traveller, die fremde Kulturen hautnah kennenlernen wollen und die ortsübliche Gepflogenheiten in Kauf nehmen, um am Leben in der fremden Kultur teilnehmen zu können. Andere dagegen fliegen mehrere tausend Kilometer, um in einem gut organisierten Ressort mit Animation das Flair fremder Lebensweisen touristisch aufbereitet zu konsumieren. Wieder andere besuchen Freunde und Verwandte oder werden von der Firma für einen Zeitraum ins Ausland geschickt.

Positiv gedacht wollen wir in anderen Ländern etwas Fremdes erfahren, was das eigene Leben etwas relativiert. Zugleich sind Lebensweisen und -kulturen heute nicht mehr so absolut anzusehen. Fremde Essgewohnheiten beispielsweise haben sich in unserem Alltag bereits etabliert. Der Döner ist uns genauso vertraut wie das thailändische Reisgericht und die Pizza.

Kleincomputer

Durch unsere Personal Computer und Laptops ist die Vielfalt der Arbeitsformen erheblich gestiegen. Körperliche Anwesenheit an einem festen Ort ist nicht mehr unbedingt notwendig, um einer Arbeit nachzugehen. Auch die zeitliche Begrenzung ist in vielen Branchen gelockert oder sogar aufgehoben worden. In einigen Berufszweigen können wir mobil an jedem Ort zu jeder Zeit unseren Job machen. Die Kommunikation findet per Mail, Video-Konferenzen und mobilem Telefon statt. Das Bedürfnis nach selbstbestimmter Zeiteinteilung ist gestiegen.

Faktor Veränderung der gesellschaftlichen Lebensformen

Patchwork-Familien

Durch die Veränderung der gesellschaftlichen Lebensformen stehen viele Menschen nicht nur mit ihrer Ursprungsfamilie sowie dem Partner und den gemeinsamen Kindern in Kontakt. Durch Scheidungen, Trennungen und die Gründung neuer Familien erfahren heute viele eine neue und komplexere Zugehörigkeit. Das Bedürfnis nach dem individuellen Platz in einer Familie ist immer sehr groß und für die Entwicklung auch wichtig. Die Patchwork-Familien können vielleicht als eine Art der modernen Großfamilie gesehen werden. Ein Vorteil könnte sein, dass mehrere Menschen den Jüngsten als gute Vorbilder zur Verfügung stehen, ein Nachteil hingegen das Auflösen fester Familienstrukturen.

Singles

Die Anzahl der Singles ist in unserer Zeit enorm angewachsen. Das Bedürfnis nach Zugehörigkeit kann schließlich auch durch Interessensgemeinschaften (Laufgruppe, Reisegemeinschaft, Chor oder was auch immer) befriedigt werden. Angebote für Singles boomen (Singlebörsen, Singletreffs, Singlereisen und so weiter). Manche wählen bewusst den Weg ohne familiäre Gemeinschaft, nicht zuletzt, um von den damit verbundenen Pflichten befreit zu sein. Da das (Über)Leben heute nicht mehr von einer Zusammengehörigkeit abhängig ist, kann der Single seinem Bedürfnis nach maximaler Selbstbestimmung nachgehen.

Homosexuelle Paare

Sowohl schwule als auch lesbische Paare sind mittlerweile eine gängige und gesellschaftlich weitgehend akzeptierte Lebensform. Die Möglichkeiten, sich unter seinesgleichen zu treffen, sind für diese Menschen stark gestiegen. Auch ist es für homosexuelle Paare möglich geworden, eine rechtliche Lebensgemeinschaft zu führen und unter Umständen auch Kinder zu adoptieren.

Angleichung Mann/Frau
Wir leben in einem Zeitalter der gesellschaftlichen Angleichung von Mann und Frau. Die Grenzen zwischen den typischen Männer- und Frauenberufen weichen auf, es gibt Ingenieurinnen und Kindergärtner, Pilotinnen und männliche Reinigungskräfte. Frauen können sich in höheren Berufspositionen besser etablieren als noch vor wenigen Jahren und Männer gehen zunehmend in Elternteilzeit. Die Flexibilität in der familiären Gestaltung nimmt dadurch zu, das Bedürfnis an regelbaren Abläufen aber auch.

Durch all diese Faktoren wurden das gesellschaftliche Wertesystem und das individuelle Motivationssystem einigen grundlegenden Veränderungen unterzogen.

Zur Erstellung Ihres persönlichen inneren Ankers sollten Sie an dieser Stelle prüfen, von welchen Faktoren Ihre eigene Bedürfnislage beeinflusst wird. Welche Kräfte motivieren Sie, im Leben voranzuschreiten?

Bedürfnisse in Abhängigkeit von der Lebensphase

In Anlehnung an unser Tafelbergmodell wollen wir die Bedürfnisse nun in Abhängigkeit vom Lebensalter betrachten. In den drei genannten Phasen, Explorer, Rushhour und Wisdom, unterscheiden sich die Dinge, für die und wegen denen wir aktiv werden, deutlich. Da die primären Erfahrungen in der Ursprungsfamilie eine besondere Bedeutung in unserem Leben haben, gehen wir zunächst auf die Kindheit ein, bevor wir dann die drei Phasen des Tafelbergmodells näher untersuchen. Die Kindheit haben wir dort nicht explizit beschrieben. Sie hat aber in Bezug auf die Entwicklung unserer Bedürfnisse eine herausragende Stellung.

Kindheit

In unserer ersten Lebensphase als Kind stehen die physiologischen Bedürfnisse nach Versorgung (Essen, Trinken, Schlafen, Sauberkeit) zusätzlich zu den Bedürfnissen nach Schutz, Anerkennung und emotionaler Verbundenheit im Vordergrund. Darüber hinaus will das Kind die Welt entdecken und mit den eigenen Sinnen begreifen. Es testet dadurch auch die Grenzen aus, die ihm die Bezugspersonen setzen. Wir benötigen als Kleinkind diese Erwachsenen (meist die Eltern), die uns einen stabilen Raum zur Verfügung stellen, in dem wir uns ohne Angst und mit der Orientierung an Vorbildern entdecken und entwickeln können. Ist der Raum zu eng oder zu weit, kann keine sichere Entfaltung stattfinden. Stellen Sie sich ein Schlauchboot in einem kleinen Swimmingpool oder auf dem großen Ozean vor. Der Swimmingpool ist zu begrenzt, seine eigenen Fähigkeiten auszuleben, der Ozean kann in seiner Größe Angst machen oder zu früh bereits Erfahrungen abverlangen, über die nur ein alter Kapitän verfügen kann. Auch im Bereich der kleinkindlichen Bedürfnisse brauchen wir die richtige Balance von geeigneten Bezugspersonen, der Größe des Entfaltungsraumes, Begrenzung und Freiheit.

Es lohnt sich, wenn wir uns damit befassen, wie in der Kindheit mit Bedürfnissen umgegangen wurde. Werden in der ersten Phase unseres Lebens die Bedürfnisse nicht ausreichend befriedigt, sind wir in unseren weiteren Lebensphasen danach auf der Suche – wir wollen unbewusst nachholen, was uns damals nicht gegeben wurde. Dies kann zu vielen geradezu abenteuerlichen Situationen im Erwachsenenleben führen, die uns in der Regel viel Energie kosten.

Ein konkretes Beispiel:
Eine 45-jährige Frau hatte sich gerade von ihrem Ehemann getrennt und berichtete auf die Frage, was sie denn an ihm anziehend fand, dass er ihr Sicherheit und Lebendigkeit gegeben habe – ganz anders als ihre sehr nachlässigen Eltern (der Vater war alkoholkrank und die Mutter emotional kalt gewesen). Sie selbst war also immer noch auf der Jagd nach der Befriedigung ihrer frühesten Bedürfnisse. Deswegen hatte sie diesen Mann geheiratet und erst im Laufe der Ehe bemerkt, dass sie eigentlich als Partner nicht zueinanderpassten. Die Patientin war so sehr von ihrem Bedürfnis nach Sicherheit und Lebendigkeit getrieben, dass sie ihre partnerschaftlichen Interessen damals nicht überprüfen konnte. Explorer-Phase und Gründung der eigenen Familie waren bei ihr wesentlich von dem Bedürfnis nach einem schützenden Ort geprägt worden.

Den Weg zum Glück hat die Klientin gefunden, als sie sich selbst beruflich weiterbildete und ihre Sicherheit nun nicht mehr von ihrem Mann abhängig war. Endlich hatte sie sich selbst auf den Weg gemacht, was dann allerdings zur einvernehmlichen Trennung führte.

Explorer-Phase

Gehen Sie doch einmal gedanklich in Ihre Zeit als junger Erwachsener zurück. Was hat Sie angetrieben, was war Ihre Motivation? In der Regel stehen in dieser Phase die Ablösung von der Ursprungsfamilie und die Entdeckung der Welt im Vordergrund. Wir möchten den Kreis der Familie und das Umfeld der Schule verlassen und die Grundlage dafür schaffen, uns selbst zu ernähren. Wir wollen unseren beruflichen Neigungen nachgehen und entscheiden uns für einen Beruf. Die Ausbildung oder das Studium erfordern Flexibilität, vielleicht verlassen wir unsere Heimatstadt oder sogar das Heimatland. Im überwiegenden Teil des Alltags werden wir nun allein auf uns gestellt sein. Dafür ist es natürlich hilfreich, wenn wir ein gesundes Maß an Eigenverantwortung und Alltagstauglichkeit aus der Kindheit mitbringen. Disziplin, Wäsche waschen, sich sinnvoll ernähren, Finanzen regeln, all das gehört jetzt zu unseren Aufgaben.

Je nach Mut und Neigung ist das die Zeit, in der wir die Welt erobern und vieles ausprobieren. In diese Phase fällt auch das Bedürfnis nach geschlechtlichem Austausch, nach partnerschaftlicher Bindung und Entwicklung einer eigenen Identität. Es stellt sich die Frage nach der Gründung einer eigenen Familie und eigenen Kindern. Die Konzentration liegt auf dem Schwerpunkt: »Wer bin ich?« Dazu gehört eine Menge an Fragen: »Was gehört zu mir, was ist meins, wie fühlt sich die Welt an, wo gehöre ich hin, wie kann ich mich von anderen abgrenzen, wie kann ich für mich selber sorgen?« Der Aufbau von Netzwerken und tragenden Freundschaftsbeziehungen findet ebenfalls meist in dieser Phase ihren Ursprung. Neigungen und Fähigkeiten werden entdeckt, die Neugierde führt uns in unbekannte Dimensionen.

Unerfüllte Bedürfnisse aus der Kindheitsphase können in der Explorer-Phase einen zusätzlichen Motor darstellen oder aber auch eine konstruktive Entwicklung verhindern. Alter Frust, aufgestaute Wut und Traurigkeit sollten jetzt einen geeigneten Weg nach außen finden, über den Sport, kreative Aktivitäten oder den Austausch mit anderen.

Ein konkretes Beispiel:
Ein junger Mann war in einer sehr armen, kinderreichen Familie aufgewachsen und schwor sich, dass er seiner Frau und seinen Kindern ein besseres Auskommen sichern wolle. Das führte dazu, dass er sein Abitur nachholte, ein Studium abschloss und in seinem Beruf ein erfolgreicher Abteilungsleiter wurde. Der innere Satz: »Ich will in besseren Verhältnissen leben, als es mir meine Eltern ermöglichen konnten«, diente dem Mann als innerer Motor, seine Ausbildungen mit guten Noten abzuschließen und dadurch studieren zu können. Er war stolz, dieses Ziel ohne äußere Hilfe erreicht zu haben. Es erforderte viel Einsatz, den er aber gern erbrachte.

Rushhour-Phase

In dieser Phase spielen eher die Bedürfnisse danach, angekommen zu sein und die eigene Persönlichkeit zu entwickeln, eine Rolle. Viele Menschen stehen in dieser Phase mitten im beruflichen und familiären Leben. Neben der Verantwortung für sich selbst kommt häufig eine Verantwortung für die Familie und nicht selten eine für die älter werdenden Eltern hinzu. Standpunkte und Ansichten werden vertieft und erweitert. Eine größere emotionale Gelassenheit und innere Standfestigkeit tritt ein. Häufig tauchen jetzt Fragen nach der

Sinnhaftigkeit im Leben auf. Das Bedürfnis, sich selbst und die eigene Motivation zu verstehen, wird größer. Eventuell wird der Beruf verändert oder die partnerschaftliche Situation bekommt eine neue Wendung. Es entsteht ein Bedürfnis nach innerer und äußerer Kongruenz, nach Echtheit der eigenen Persönlichkeit. An die Stelle von Karrierestreben, Kampf und Expansion tritt vielleicht ein Bedürfnis nach Verstehen, nach Verwurzelung und Dialog. Die Rushhour-Phase ist eine spannende Zeit, in der bereits viele Erfahrungen hinter einem liegen und noch genug Kraft für Neues vorhanden ist.

Ein Beispiel aus der Praxis

Ein Mann, Mitte 40, in zweiter Ehe verheiratet, kam zur Beratung in die Praxis, da er seit über 15 Jahren an Schwindel leide, Medikamente dagegen einnähme und Angst habe, seine eigene Firma mit 20 Angestellten nicht mehr gut leiten zu können. Es wurde deutlich, dass er sich über den Tag kaum Pausen gönnte und permanent – auch im Urlaub – per Mobiltelefon erreichbar blieb.

Wir banden seine Frau in die Beratung ein und das Paar konnte ein gutes Konzept entwickeln, neben der Arbeit und Anspannung auch Ruhephasen, Urlaub und Bewegung in ihr Leben zu integrieren. Das Mobiltelefon wurde bei Urlaubsbeginn der Sekretärin übergeben, die Arbeitszeiten wurden begrenzt und beide Partner meldeten sich in einem Fitnessstudio an. Der Schwindel verschwand und die Medikamente konnten vollständig abgesetzt werden.

Die Arbeit mit diesem Paar hat Freude gemacht, da sie aufgrund ihrer Lebenserfahrung und dem Wunsch, noch lange gesund zu bleiben, hoch motiviert waren, im Leben etwas zu verändern. Der Mann entwickelte die Idee, an einem Radmarathon teilzunehmen, und widmete inzwischen mehr Zeit seinem noch kleinen Kind. Andere Ziele als nur die Leistung und der Firmenerfolg wurden in den Alltag integriert – seinen wahren Bedürfnissen wurde nun Rechnung getragen.

Wisdom-Phase

In dieser Phase steht das Bedürfnis nach einer sinnvollen Betätigung im Vordergrund. Häufig sind die Pflichtberufsjahre vorbei. Da wir aber im Durchschnitt etwa 80 Jahre alt werden und viele Menschen in der Wisdom-Phase körperlich noch sehr fit sind, ist der Wunsch groß, auch diese Zeit gut und sinnvoll zu gestalten. Gesundheit wird als wichtiges Gut angesehen, sodass viele eine nachhaltige Lebensführung mit vernünftiger Ernährung, ausreichend Bewegung und sozialen Kontakten wählen. In der Praxis erleben wir viele Senioren, die sich in wohltätigen Organisationen engagieren, Freude am Reisen finden, sich mit speziellen Themen auseinandersetzen und viel Freude an den Enkelkindern haben.

Es taucht die Frage auf, was wir am Ende des Lebens erreicht haben, welchen Sinn wir unserem Leben gegeben haben und wie wir in Erinnerung bleiben wollen – nach Maslow sind es die höheren Stufen der Bedürfnispyramide, die jetzt gelebt werden wollen. In der Wisdom-Phase findet in der Regel eine Rückschau auf unser bisheriges Leben statt. Wir erfüllen uns die Wünsche, die noch gelebt werden möchten, und irgendwann beginnen wir, uns langsam aus dem weltlichen Treiben zu verabschieden.

Ein konkretes Beispiel

Eine 62-jährige Professorin kam zur Beratung, da innerhalb kurzer Zeit ihre geliebten Eltern gestorben sind, sie eine schwere Krankheit erlitten hat und zudem noch vor der Emeritierung stand. Diese Fülle an einschneidenden Ereignissen führte sie zu der Frage, was sie selbst eigentlich noch in ihrem Leben wünschte.

Diese Frau hat schließlich alles noch einmal auf den Kopf gestellt: Umzug in die Berge, Abschied vom Beruf, Abschied vom Haus der Eltern, Aufbau der Perspektive, wieder gesund zu werden und ihr berufliches Leben in Form eines Buches zu würdigen. Sie entdeckte das Malen und die Beschäftigung mit der Literatur für sich. Um ihren letzten Lebensabschnitt zu beginnen, musste sie sich von ihren alten Strukturen lösen und sich ihren neuen, für diese Lebensphase wahren Bedürfnissen zuwenden.

Wie Sie eben gesehen haben, bleiben unsere Bedürfnisse nicht ein Leben lang gleich. Mit jeder Lebensphase ändert sich unser Bedürfnisprofil. Wenn wir in der Kindheit und der Explorer-Phase die Möglichkeit hatten, genug Anerkennung, Wertschätzung und emotionale Zuwendung zu erhalten, so tritt in der nächsten Phase vielleicht das Bedürfnis nach einer Ausweitung des Erfahrungsfeldes und nach noch mehr Bildung in den Vordergrund. Das Bedürfnis nach physischer, seelischer und geistiger Unversehrtheit ist natürlich in jedem Lebensabschnitt vorhanden.

Probleme werden uns die Bedürfnisse bereiten, die in unserem bisherigen Leben fast gar nicht gestillt worden sind. Wir werden also immer auf der Suche nach diesem fehlenden Element in unserem Bedürfnisprofil sein. Wenn jemand fast keine emotionale Zuwendung bekommen hat, so wird der Wunsch danach so groß sein, dass unter Umständen große Risiken dafür eingegangen werden. Vielleicht erinnern Sie sich auch noch an die Frau aus dem obigen Beispiel, die die Erfüllung dieser Bedürfnisse in einer Ehe suchte, die das aber auf lange Sicht nicht leisten konnte.

Manche Bedürfnisse können einen solchen inneren Druck erzeugen, dass wir allein dadurch geschädigt werden können, wenn wir keine Entlastung finden. Wenn überschießende Bedürfnisse, beispielsweise Ärger, keinen Weg nach außen finden, wird sich der Druck in einer unerwarteten Reaktion dennoch irgendwann entladen, und nicht selten werden wir dann uns selbst oder andere schädigen. In der Praxis sehen wir oft, dass sehr aggressionsgehemmte Menschen unter Neurodermitis, Akne oder ähnlichen Erkrankungen leiden können. Die Wut bleibt im Körper stecken. Eine andere Reaktionsform ist es, lange Zeit Ärger und Ungerechtigkeitsgefühle aufzustauen, bis der bekannte Tropfen das Fass zum Überlaufen bringt. Meist reicht dann eine Bagatelle aus, um die gesamte Wut auf einmal zur Entladung zu bringen.

Klarheit zum Stand der eigenen Bedürfnisse
Schreiben Sie Ihre derzeitigen Bedürfnisse und Wünsche auf. Was treibt Sie an? Wonach streben Sie? Was setzt Sie in Bewegung?

Vermerken Sie jeweils, inwieweit die einzelnen Bedürfnisse bereits befriedigt sind oder es in absehbarer Zeit sein werden.

In einem zweiten Schritt sollten Sie nun einen Weg überlegen, wie Sie diese Erkenntnisse in einen Weg zum nachhaltigen Glück überführen können. Auf diese Weise können Sie damit Ihren inneren Anker weiter festigen.

Nehmen wir als Beispiel für diese Übung das Bedürfnis: mehr Zeit für mich.

Der Erfüllungsgrad: »Schon lange habe ich versucht, neben der Familie und meinem Halbtagsjob wenigstens drei Stunden in der Woche für mich zu finden. Immer wieder waren die Bedürfnisse der anderen wichtiger.«

Der Weg: Die 10 Gebote für den Umgang mit der Zeit können mir helfen, bewusster mit meiner Zeit umzugehen. Dadurch werde ich es schaffen, mich selbst wöchentlich für drei Stunden als Person Nummer eins anzusehen. Außerdem wird mir die Übung *Energie schöpfen* helfen, auch zwischendurch neue Kraft zu tanken.

Die Kopf-Bauch-Kommunikation

In seinem Buch *Bauchentscheidungen. Die Intelligenz des Unbewussten und die Macht der Intuition* beschreibt Gerd Gigerenzer, wie wichtig unser Bauchgefühl und unsere Intuition sind. Er geht sogar so weit zu behaupten, dass wir Menschen ohne Intuition in unserer Handlungsfähigkeit stark eingeschränkt wären. Durch seine Arbeiten belegt er eindeutig, dass viel weniger Entscheidungen aufgrund des Abwägens der reinen Faktenlage getroffen werden, als wir gemeinhin glauben.

Die konsequente Fortführung seiner Gedanken bringt uns schließlich zu folgender These: Glückliche Menschen treffen mehr Bauchentscheidungen. Dies macht sie glücklicher als rationale Entscheider. Für den Weg zu nachhaltigem Lebensglück ist diese Aussage sehr wichtig.

Die meisten Entscheidungen treffen wir aufgrund unseres Bauchgefühls. Bisher wurde dieser Faktor der Bauchentscheidungen in den meisten öffentlichen und offiziellen, aber oft auch in persönlichen Lebensbereichen völlig vernachlässigt. In der Wissenschaft, der Psychologie und der Ökonomie dominierten eindeutig Logik und Wahrscheinlichkeit. In unserer westlichen Tradition stellen wir schon immer die Ratio über die Intuition und geben damit unserem Kopf Vorrang vor dem Bauch. Doch ein Großteil unseres geistigen Lebens vollzieht sich unbewusst und beruht auf Prozessen, die nichts mit Logik zu tun haben – sie beruhen vielmehr auf dem Bauchgefühl.

Intuitiv gehen wir häufig nach sogenannten Faustregeln vor, die zu guten Lösungen führen, wenn wir auch nicht wissen, warum. Beim Sport lässt sich die Funktionsweise dieser Faustregeln gut erklären. Wie fängt ein Spieler einen hoch fliegenden Ball beim Baseball? Es gibt Trainer, die denken, dass Spieler im Kopf die Flugbahn des Balls berechnen und an die richtige Stelle rennen, bevor der Ball dort herunterkommt. Doch das Berechnen einer Flugbahn ist eine komplexe Aufgabe. Die Bälle sind beeinflusst von Luftwiderstand, Drall und Wind, der sich noch dazu permanent ändern kann. Spieler, die in Experimenten schätzen mussten, wo der Ball am Boden auftreffen würde, erzielten nur dürftige Ergebnisse. Stattdessen bedienen sich die Spieler intuitiv mehrer Faustregeln, um den Ball zu fangen. Eine davon heißt: Fixiere den Ball, beginne zu laufen und pass deine Laufgeschwindigkeit so an, dass der Blickwinkel konstant bleibt. Bei dieser Faustregel werden alle kausalen Informationen außer Acht gelassen, die nötig sind, um die Flugbahn zu berechnen. Diese Faustregel berücksichtigt nur den Blickwinkel und führt zum gewünschten Ergebnis. Diese Vorgehensweise ist höchst erfolgreich.

In einem Interview stellte Gerd Gigerenzer das erfolgreiche Vorgehen aufgrund dieser Faustregel noch an einem anderen sehr anschaulichen Beispiel dar. Welche Stadt hat mehr Einwohner, Detroit oder Milwaukee? Diese Frage wurde in einem amerikanischen College-Kurs gestellt und die Studenten waren geteilter Meinung. Etwa 40 Prozent entschieden sich für Milwaukee. Als die gleiche Frage deutschen Studenten gestellt wurde, gaben praktisch alle Studenten die richtige Antwort: Detroit. Die Deutschen waren nicht etwa schlauer oder gebildeter. Im Gegenteil, sie wussten sehr wenig über Detroit und viele von ihnen hatten noch nie von Milwaukee gehört. Daher mussten sich die deutschen Studenten auf ihre Intuition verlassen. Sie wendeten eine Faustregel an, die lautet: Wenn du den Namen der einen Stadt, aber nicht den der anderen Stadt kennst, dann schließe daraus, dass die bekanntere Stadt mehr Einwohner hat. Die amerikanischen Studenten konnten diese Faustregel nicht benutzen, weil sie schon von beiden Städten gehört hatten. Sie wussten zu viel, die Fakten trübten ihr Urteil und hinderten sie daran, die richtige Antwort zu finden.

Diese Faustregel macht sich auch die Werbung zunutze. Wir greifen eher zu einem Produkt, dessen Marke wir kennen. Der Instinkt, sich an das zu halten, was man kennt, hat in freier Natur Überlebenswert. Es ist wie bei Tieren, die lieber das bekannte Futter fressen, als etwas Neues zu probieren, über dessen Geschmack und Bekömmlichkeit sie noch nichts wissen.

Natürlich ist man auch mit Faustregeln gegen Fehler nicht gefeit. Wann und unter welchen Bedingungen sind solche Strategien erfolgreich, wann weniger Erfolg versprechend? Ob beispielsweise Halbwissen weiter hilft als Wissen, hängt von den Umständen und vom Problem ab. Wenn man im obigen Fall auch von Detroit noch nie etwas gehört hat, wird man ebenfalls nicht entscheiden können, welche der beiden Städte größer ist.

Diesen Zusammenhang mit den Faustregeln können wir mit den Grundsätzen unseres inneren Ankers vergleichen. Wenn wir uns an unserem inneren Maßstab orientieren, wird dieser mit der Zeit so gut verinnerlicht, wie es häufig auch Werbebotschaften schaffen. Wem fällt nicht gleich zu Haribo ein: »… macht Kinder froh«? Und schwups, greifen wir im Geschäft zu dieser Tüte.

Werbung kann heutzutage kritisch gesehen werden, sie kann uns aber Wesentliches über unsere eigenen inneren Werbebotschaften lehren. Wenn wir beispielsweise die Botschaft verinnerlicht haben: »Ich will drei Stunden in der Woche für mich allein Zeit haben«, dann können wir dem in unserem Alltagsleben rasch und ohne groß nachzudenken treu bleiben. Wir folgen automatisch den von uns aufgestellten inneren Ankerpunkten, die nicht mehr ständig infrage gestellt werden. Dieser Automatismus hilft uns, Entscheidungen leichter und glücks-sicherer zu treffen.

Bauch-Kopf-Training

Viele Menschen befinden sich in einem Dilemma, sie trauen sich nicht, auf ihr Bauchgefühl zu hören. Dies ist bei Akademikern häufig noch stärker ausgeprägt, da sie durch ihre kopfgesteuerte, logische Ausbildung häufig nur nach Fakten schauen. Wir irren uns, wenn wir denken, dass Intelligenz nur eine bewusste Sache sei. Es ist ein Irrtum anzunehmen, Intelligenz hänge zwangsläufig nur mit Überlegungen zusammen.

In unserer Gesellschaft suchen viele Menschen aber auch nach den »richtigen« Kriterien für ihre Entscheidungen. Heute ist uns fast alles möglich, da fällt es schwer, die richtigen Kriterien und Maßstäbe für die eigenen Entscheidungen zu finden. Diese Unsicherheit führt häufig zu großer Unzufriedenheit. In vielen Gesprächen mit Klienten konnten wir feststellen, dass es einen direkten Zusammenhang zwischen dem Ideal einer Entscheidung nach rationaler Kosten-Nutzen-Rechnung und der Unsicherheit sowie der damit direkt verbundenen Unzufriedenheit gibt.

Besonders bei wichtigen Entscheidungen, die vielleicht für unsere Lebensplanung und damit auch für unser Lebensglück von großer Bedeutung sind, sollten wir uns auf unser Bauchgefühl, unseren inneren Anker verlassen können. Selbstorientierung und ein gutes persönliches Navigationssystem sind die Grundlage für tragfähige Entscheidungen.

Diese werden nicht nur vom Verstand, sondern auch von Gefühlen gesteuert. Verstand und Gefühl wirken eng zusammen. Emotionen liefern die Motivation für unsere Entscheidungen. Immer mehr Menschen begeben sich in eine psychologische Beratung, weil sie merken, dass sie unzufrieden mit sich und ihrem Leben sind. Sie denken über ihre Entscheidungen nach und suchen nach den richtigen Kriterien. Ihnen hilft es, eine Balance zwischen Kopf und Bauch zu entwickeln.

Wir sollten nicht nur auf ein kühl kalkuliertes Kosten-Nutzen-Verhältnis setzen, sondern auch die Gefühle zulassen und zu ihnen stehen. Warum sollte man auf die Frage: »Warum hast du so entschieden?«, nicht mit voller Überzeugung antworten dürfen: »Weil mein Bauchgefühl mir dazu geraten hat«? Seminare oder Bücher zum Thema *Richtig entscheiden* können Ihnen Techniken wie das Mind-Mapping vermitteln. Dies ist sicherlich hilfreich, um Instrumente für den Kopf zu haben. Es ist allerdings mindestens genauso wichtig, dass man auch den Bauch und die Intuition einbezieht – es geht um die Kommunikation zwischen Kopf und Bauch.

Dazu noch ein paar Worte, da wir ja fast alle nicht so geübt mit unseren Gefühlen sind: Dass Sie sich manche Empfindung nicht erklären können, ist völlig normal. Das liegt daran, dass Informationen auf der unbewussten emotionalen Ebene sehr schnell verarbeitet werden. Die rationale Bewältigung nimmt wesentlich mehr Zeit in Anspruch. Es dauert also viel länger, bis Ihnen die passenden Argumente für eine Entscheidung einfallen, die Ihr Bauch bereits getroffen hat. Ignorieren Sie deshalb Ihr Bauchgefühl nicht, nehmen Sie es an – und lassen Sie dem Kopf Zeit, es nachzuvollziehen.

Um Ihre Kopf-Bauch-Kommunikation zu trainieren, sollten Sie regelmäßig folgende Übung durchführen. Sie empfiehlt sich auch dann, wenn Sie vor einer Entscheidung stehen, zu der Sie im ersten Moment keine klare Meinung haben. Vielleicht sagt Ihr Kopf Ja und Ihr Bauch sagt Nein … Sie können mit vorgestellten oder realen, aktuellen Situationen üben.

Training der Kopf-Bauch-Kommunikation

Sie stehen vor einer wichtigen Entscheidung. Sie können Variante A oder Variante B wählen. Sie haben bereits alle Argumente abgewogen und sind dennoch zu keiner eindeutigen Lösung gekommen. Sie müssen sich aber entscheiden und wollen nun nach der Kopfarbeit Ihren Bauch, Ihre Intuition befragen.

Das geht ganz einfach: Werfen Sie eine Münze. Variante A steht für Kopf und Variante B für Zahl. Schauen Sie sich an, wie die Münze gefallen ist, und achten Sie auf Ihr Bauchgefühl. Wenn die Münze nämlich jetzt für Sie entschieden hat, dann werden Sie spüren, ob Ihnen ihre Wahl gefällt. So schnell wissen Sie, was Sie wirklich wollen.

Können Sie mit der Entscheidung leben, dann nehmen Sie die von der Münze getroffene Wahl und handeln Sie danach. Falls Sie aber ein ungutes Bauchgefühl haben, dann steht es Ihnen natürlich frei, genau das Gegenteil zu tun. In jedem Fall wissen Sie, was Sie zu tun haben.

Die Wechselwirkung von innerer und äußerer Haltung

»In einem gesunden Körper wohnt ein gesunder Geist.« Dieser Ausspruch ist heute in aller Munde und bringt den Zusammenhang von innerer und äußerer Haltung auf den Punkt. Gesundheit ist eine wichtige Basis für nachhaltiges Glück. Nicht umsonst wünschen wir unseren Freunden Glück und Gesundheit, wenn wir ihnen zum Geburtstag gratulieren. Glück und Gesundheit, beides gehört irgendwie zusammen.

Auf einen interessanten Aspekt, der im Eingangssatz schon anklingt, wollen wir Sie in diesem Kapitel verweisen: Unser Körper zeigt nämlich unsere Lebenseinstellung, unsere Geschichte, unsere Grundmuster. Dabei beeinflussen sich innere und äußere Haltung gegenseitig. Unsere innere Stimmung und Haltung spiegelt sich in unserer äußeren Haltung wider und wird uns zudem durch unser Umfeld reflektiert. Wenn wir uns dieses Zusammenhangs bewusst sind, können wir ihn auch zu einem Werkzeug für unser Glück machen. Um es einsetzen zu können, bedarf es allerdings eines regelmäßigen Trainings. Das wirkt dabei gleichzeitig auch zur Vorbeugung und Behandlung von Rückenschmerzen, Haltungsschäden und Verspannungen.

Die nonverbale Kommunikation unseres Körpers mit unserem Geist geschieht meist ohne unser bewusstes Zutun. Der innere Verhaltenscomputer bestimmt unsere Körperhaltung, unsere Bewegungen und unseren Selbstausdruck. In jeder Begegnung erzählen wir sehr viel von uns. Der Körper ist niemals stumm. Wenn Menschen zusammenkommen, reden sie miteinander – sogar wenn sie nicht sprechen. Der aufrechte Gang und die vorgestreckte Brust sind ebenso Botschaften wie der feste Händedruck oder das Lächeln. Gestik, Haltung und Bewegung im Raum sind wichtige Mittel der nonverbalen Kommunikation. Es ist die älteste Form der zwischenmenschlichen Verständigung. Wir klären damit untereinander, ob wir uns sympathisch sind und ob wir uns vertrauen können. Der Körper verrät unsere wirklichen Gefühle, er plaudert aus, wer wir sind und was wir eigentlich wollen.

Die nonverbalen Botschaften sind oft unbewusst und gerade deshalb so machtvoll. Ohne Körpersprache sind die täglichen sozialen Beziehungen gar nicht denkbar. Wissenschaftler haben herausgefunden, dass 95 Prozent des ersten Eindrucks von einem Menschen von Aussehen, Kleidung, Haltung, Gestik und Mimik, Sprechgeschwindigkeit, Stimmlage, Betonung und Dialekt bestimmt werden und nur 3 Prozent von dem, was jemand sagt. Und die Einschätzung der Person geschieht in weniger als einer Sekunde.

Vielleicht kennen Sie das auch: Sie kennen einen Menschen bisher nur vom Telefon, Sie finden ihn ganz nett und halten ihn für eine durchaus starke Persönlichkeit. Jetzt treffen Sie diesen Menschen zum ersten Mal persönlich und bemerken bei der Begrüßung einen schwächlichen Händedruck. Wirkt das noch sympathisch auf Sie? Ihr Telefoneindruck wird sich schnell revidieren.

Weil wir das körperliche Verhalten schwerer kontrollieren und beherrschen können als die verbalen Aussagen, gilt die Körpersprache als wahrer und echter. In diesem Kapitel geht es aber weniger um die Interpretation der Körpersprache. Dazu empfehlen wir Ihnen die Bücher von Samy Molcho. Uns geht es vielmehr um die Möglichkeit, wie wir aktiv unsere innere Haltung und unsere Stimmung durch einen Einfluss auf unsere äußere Haltung verändern können – und umgekehrt. Hierzu wollen wir zunächst eine einfache Übung machen. Damit können Sie selbst leicht die Wechselwirkung zwischen innerer und äußerer Haltung an sich beobachten.

Wechselwirkung zwischen innerer und äußerer Haltung

Suchen Sie sich einen ruhigen Raum, in dem Sie ungestört sind. Gehen Sie im Kreis, zuerst mit sehr kleinen Schritten, bewegen Sie dabei die Arme nicht oder nur sehr wenig und senken Sie Ihren Kopf. Denken Sie an etwas Negatives, etwas, das Ihnen nicht gelungen ist, was so richtig schlecht gelaufen ist. Sie werden feststellen, dass Ihre momentanen Bewegungen sehr gut zu Ihren negativen Gedanken passen. Negative Gedanken und kleine Schritte sowie zurückgenommene Bewegungsabläufe bedingen einander.

Nun probieren Sie, Ihre Bewegung exakt beizubehalten, Sie denken aber an etwas Positives, an etwas, das Ihnen besonders gut gelungen ist, an etwas, das Ihnen große Freude bereitet hat. Sie werden feststellen, dass sich Ihre Schritte fast automatisch vergrößern werden, dass Ihre Arme zu schwingen beginnen und sich Ihr Kopf hebt.

Dann testen Sie genau das Gegenteil: Denken Sie etwas sehr Positives, machen Sie große Schritte, weit ausholende Armbewegungen und heben Sie Ihren Kopf. Wieder entsteht ein Gefühl von Harmonie zwischen Ihrer Bewegung und den in diesem Fall positiven Gedanken. Wenn Sie jetzt versuchen, diese Bewegung beizubehalten und zugleich etwas Negatives zu denken, werden Sie feststellen, dass das kaum möglich ist. Negative Gedanken und große, raumgreifende Bewegungen – das geht einfach nicht zusammen.

Wenn Menschen ein Problem haben, das sich nicht so einfach lösen lässt, tendieren sie dazu, sich hinzusetzen. Sie nehmen in leicht nach vorn gebeugter Haltung Platz und setzen sich ihr imaginäres Kummertöpfchen auf den Schoß, um darin zu rühren. Eine Gegenmaßnahme hierzu kann Bewegung sein: aufstehen und herumgehen, vielleicht sogar joggen gehen. Probieren Sie das mal aus! Nicht umsonst gibt es die Redewendung, dass man »etwas in Bewegung bringen« kann.

Bewegungen, also Signale der Körpersprache, haben einen großen Einfluss auf unsere Gedanken und auf die Eindrücke anderer Menschen. Deshalb bringt das bewusste Arbeiten an unserer inneren Einstellung, wie wir es in den Kapiteln bisher beschrieben haben, und parallel dazu das Arbeiten an unserer äußeren Haltung den größten Erfolg. Persönlichkeitstraining ausschließlich auf der inneren, gedanklichen Ebene oder ausschließlich körperliches, sportliches Haltungstraining bringen jeweils nur Teilerfolge.

Innere und äußere Aufrichtung

Manchmal laden wir uns zu schwere Lasten auf. Dabei sind diese Lasten häufig nicht nur physische Gewichte, oft wiegen die psychischen Lasten schwerer. Sie können wie Mühlsteine auf unseren Schultern liegen und unseren Rücken belasten. 80 Prozent der Bevölkerung hierzulande leiden unter Rückenschmerzen. Rückenleiden sind einer der häufigsten

Gründe für Frühverrentung. Sind das aber ausschließlich äußere Leiden?

Die äußere Haltung verrät viel über das Innenleben und den Energiezustand eines Menschen. Hängende Schultern, schleppender Gang, verkrampfte Körperhaltung – das signalisiert meist auch Unsicherheit. Durch eine aktive Korrektur der Körperhaltung kann man Rückenschmerzen und Verspannungen vorbeugen, und es lässt sich dabei gleichzeitig ein Einfluss auf die innere Einstellung und die Denkweise nehmen. Wenn das nicht dem Glück zuträglich ist!

Beruflich wie privat können Sie also durch eine veränderte Körperhaltung auch Ihre Ausstrahlung ändern. Durch eine kraftvolle, aufrechte und energiegeladene Körperhaltung signalisieren Sie Ihrem Umfeld (und sogar sich selbst) etwas Dynamisches. Das Gefühl der Mutlosigkeit und Frustration kann sich bei einer energiegeladenen Körperhaltung nicht so schnell breitmachen oder wird schnell wieder vertrieben. Die persönliche Ausstrahlung ist ein sehr wichtiger Faktor, wenn man der eigenen Karriere und dem eigenen Leben auf die Sprünge helfen will. Zwischen innerer und äußerer Haltung kann es dabei zu einem Pingpong-Effekt kommen, der sich schneller in eine positive Richtung entwickelt, wenn Körper und Geist gleichzeitig trainiert werden. Das führt zu einem Gleichgewicht, aus dem man viel Kraft schöpfen kann.

Speziell der Oberkörper sagt sehr viel über den Energiezustand eines Menschen aus. In diesem Bereich befindet sich der zentrale Energielieferant des Menschen: die Lunge. Damit diese optimal funktionieren kann, muss sie beweglich sein, sie muss möglichst unbeschwert Luft hinein- und hinausströmen lassen können. Die Haltung in diesem Bereich wirkt sich sehr deutlich auf unseren Eindruck von einem Menschen aus. Je nach Haltung wirkt ein Mensch schlaff oder strahlt deutlich Energie aus. Eine aufrechte Haltung wirkt sich auch auf unsere innere Einstellung und auf unser Befinden aus. Unsere Energie wird auch von unserem Umfeld wahrgenommen und reflektiert. Sie wirkt sich damit dann auch wieder auf uns aus. Auf einen energiegeladenen Menschen reagiert man eben ganz anders als auf einen Menschen mit schlaffer Körperhaltung. Positive wie negative Effekte verstärken sich damit immer mehr.

Bei genauer Beobachtung fällt auf, dass alles miteinander in Beziehung steht: Körper, Geist, Bewegungen, Gedankengänge und Verhaltensweisen. Das musste ich, Bernhard Fenn, am eigenen Leib erfahren. Mit 30 Jahren erlitt ich einen Bandscheibenvorfall. Ich hatte mir damals eindeutig zu viele Lasten auf meine Schultern geladen, wie ich im Nachhinein erkennen musste. Der Job, die Familie mit zwei kleinen Kindern, das neue Haus, so viele Verpflichtungen lasteten auf mir. Ich fühlte mich teilweise ausgebrannt und überfordert. Dabei spiegelte sich meine innere Gefühlswelt auch sehr deutlich in meiner äußeren Erscheinung wider. Ich verkrampfte und konnte mich unter den Lasten nicht mehr wirklich aufrichten und auch nicht entspannen. Das wird auch auf Fotos aus dieser Zeit deutlich, darauf hatte ich nicht mehr die Ausstrahlung früherer Jahre. Ich war verbissen geworden, wie mein Gesichtsausdruck und die häufig verkrampfte Körperhaltung verrieten. Ich zeigte mich nicht groß und aufgerichtet.

Vielleicht haben Sie auch alte Fotos von sich, analysieren Sie diese Aufnahmen doch einmal. Bei mir waren – leider wurde mir das erst im Nachhinein klar – die Anzeichen absolut offensichtlich und eindeutig. Mein Körper signalisierte sehr deutlich meine innere Anspannung. Und die entlud sich schließlich in einem starken Bandscheibenvorfall. Ich konnte fast sechs Monate lang nicht richtig gehen, ganz zu schweigen davon, Lasten zu tragen.

Nach der ersten schulmedizinischer Behandlung stand für mich schnell fest, dass ich auf jeden Fall eine Operation verhindern wollte. Mir wurde klar, dass andere mich nicht einfach wieder gesund machen konnten. Ich wollte aktiv werden, mich selbst heilen. Dazu bedurfte es einiger Änderungen in meinem Lebensstil, ich musste vor allem einige der Belastungen verringern und an andere verteilen. Außerdem musste ich meinen Körper trainieren, damit langfristig auch die verringerten Belastungen keine Gefahr für meine Gesundheit darstellten. Ich wollte ja weiter aktiv sein können, denn eigentlich machte mir das Leben mit einem anspruchsvollen Job und der Familie Spaß. Ich musste also einen Weg finden, die Belastungen zu reduzieren, mich teilweise zu beschränken und manche der Aktivitäten mit entsprechender Mäßigung zu betreiben.

Als körperliches Training probierte ich einige Gymnastikmethoden aus. Unter anderem lernte ich dabei als Basis meiner Übungen die Methode des tschechischen Leistungssportlers und Arztes Dr. Richard Smisek kennen, der eine Rückengymnastik als eine Mischung aus Rückenschule und Balanceübungen entwickelt hat. Ich stellte auf dieser Basis für mich persönlich aus den verschiedenen Gymnastikrichtungen und Rückenschulen, die ich kennengelernt hatte, ein Programm zusammen, das ich zunächst jeden Tag für 15 Minuten durchführte. Nachdem die akuten Beschwerden verschwunden waren, reduzierte ich das Training auf zwei bis drei Mal pro Woche.

Die Übungen orientieren sich an Bewegungsabläufen des Alltags und lassen sich leicht immer und überall einsetzen. Die Methode ist eine gute Prävention (falls erforderlich unterstützt sie auch die Regeneration der Wirbelsäule) und verleiht eine aufrechtere Körperhaltung, was sich – wie Sie inzwischen wissen – sehr positiv auf die Ausstrahlung auswirkt.

Gerade diese Effekte, die Prävention und die positiven Auswirkungen auf die Körpersprache und die eigene Wirkung, helfen uns auch in Krisensituationen, gerade zu stehen und Größe zu zeigen.

Nachfolgend haben wir für Sie einige einfache Übungen zusammengestellt, die Sie leicht erlernen und ohne großen Aufwand – also ohne teure Sportgeräte und ohne Fitnessstudio – in den Tagesablauf integrieren können, genauso wie Sie das regelmäßige Zähneputzen nie weglassen. Probieren Sie die Übungen einfach mal aus und stellen Sie sich Ihren persönlichen kleinen Trainingsplan zusammen. Unsere Vorschläge sollen Ihre sonstigen sportlichen Aktivitäten nur ergänzen. Durch ein regelmäßiges Training mit diesen Übungen arbeiten Sie gezielt an Ihrer äußeren Haltung und können damit auch Ihre innere Haltung, Ihre Stimmung und nicht zuletzt Ihr Glücksgefühl positiv beeinflussen.

Der (oder die) stolze Massai

Die äußere Haltung verrät viel über das Innenleben. Achten Sie deshalb darauf, schön aufrecht daherzukommen, stolz wie ein ostafrikanischer Krieger oder eine Massai-Frau. Um das zu üben, balancieren Sie ein Buch auf dem Kopf und spazieren so ein paar Minuten in der Wohnung herum. Mit der Zeit werden Sie das Gefühl für diese selbstbewusste, aufrechte Gangart verinnerlicht haben.

Nachdem Sie diese Übung für sich im stillen Kämmerlein geübt haben, sollten Sie sie – dann auch ohne Buch – regelmäßig in Ihren Tagesablauf einbauen. Stellen Sie sich in der Öffentlichkeit dazu einfach vor, dass Sie das Buch auf dem Kopf haben, und gehen Sie in dieser selbstbewussten Gangart. Strecken Sie sich und richten Sie während des Gehens Ihren Körper komplett auf. Das trainiert nicht nur die Muskeln, sondern verändert auch Ihre Ausstrahlung. Nehmen Sie dabei bewusst Ihren Körper wahr und achten Sie auf die Reaktionen aus Ihrer Umgebung.

Die nächste Übung lässt sich auch auf kleinstem Raum ausführen. Die Größe, die Sie dabei zeigen, können Sie bald auch leicht in Ihren Alltag einbringen.

Größe zeigen

Lehnen Sie sich an eine Wand oder eine geschlossene Tür. Der Abstand der Fersen zur Wand beträgt zunächst eine Fußlänge. Jetzt führen Sie die Arme senkrecht nach oben. Beachten Sie, dass Ihre Füße direkt nebeneinander stehen, die Knie sind durchgedrückt, Waden und Knie werden so eng wie möglich zusammengehalten. Kippen Sie das Becken durch ein Anspannen der Gesäßmuskulatur so, dass auch die Lendenwirbelsäule an der Wand anliegt. Schultern und Hinterkopf berühren die Wand ebenso.

Bei dieser Übung an der Wand sind Hohlkreuz und Rundrücken sehr gut zu spüren. Sie fühlen sofort Ihre Haltungsschwächen und können diese gezielt bearbeiten. Bei starkem Hohlkreuz vergrößern Sie zunächst den Abstand der Füße zur Wand und verringern diesen über die Zeit allmählich. Das Ziel ist es, die Fersen direkt an die Wand zu stellen und die Lendenwirbel dennoch an der Wand zu spüren. Führen Sie diese Übung ein- bis zweimal täglich durch, beispielsweise immer nach den Pausen im Arbeitsalltag, wenn Sie allein im Büro sind oder einmal morgens und einmal abends.

Sicher kennen Sie den Moment, wenn Sie nach einer langen Autofahrt an einer Raststätte anhalten und sich freuen, dass Sie endlich aussteigen können. Beobachten Sie dabei doch einmal sich selbst und die anderen Autofahrer. Die meisten Menschen schaffen es nicht, sich wirklich aufzurichten. Sie sitzen fast noch, während sie schon versuchen, zu gehen: Die Knie sind nicht durchgedrückt, das Gesäß hängt tief und der Oberkörper hat noch die runde Sitzhaltung.

Das muss natürlich nicht so sein, schließlich zeichnet sich der Mensch ja gerade durch den aufrechten Gang aus. Achten Sie deshalb in Zukunft mal darauf, sich regelmäßig aufzurichten. Auch während eines langen Tages auf dem Bürostuhl sollten Sie das mindestens alle zwei Stunden üben – am besten mit der folgenden, ganz simplen Methode.

Energiegeladener Körper

Immer wieder zwischendurch sollten Sie aufstehen, sich aufrecht hinstellen, die Beine strecken, dabei die Gesäßmuskulatur anspannen und so die Hüfte nach vorn schieben. Nehmen Sie dabei den Kopf hoch und die

Schultern zurück. Heben Sie nun die Unterarme seitlich so an, dass sie waagerecht zum Boden sind. Dabei sollten die Oberarme eng am Körper anliegen.

All diese Übungen helfen Ihnen, vorausgesetzt Sie lassen sie Teil Ihres Alltags werden, Ihrer Umgebung ein gesundes Selbstbewusstsein zu signalisieren. Denn nach einer Zeit wird sich Ihre Haltung verbessern, ohne dass Sie bewusst in eine der Übungen gehen müssen. Sie können diese Angebote eigentlich immer nutzen, wenn Sie gerade daran denken und es Ihre Umgebung zulässt. Die energiegeladene Haltung beispielsweise lässt sich beim Warten auf einen Kollegen im Büro oder an der Bushaltestelle üben. Wenn Sie nicht gerade eng anliegende Kleidung tragen und wenn Sie in der Öffentlichkeit die Arme hängen lassen und einfach die Schultern zurücknehmen, würde nur ein sehr geübter Beobachter wahrnehmen, dass Sie gerade eine Haltungsübung durchführen. Das Zurücknehmen der Schultern können Sie ohnehin zu einer Angewohnheit werden lassen, es aktiviert die Haltemuskulatur in Ihrem Oberkörper und trägt so maßgeblich zu einer aufrechten und selbstbewussten Haltung in Ihrem Alltag bei.

Vierter Teil

Regelmäßige Lebensinspektionen für Ihren nachhaltigen Glücksweg

»Ich bin ein Lebenskünstler –
mein Kunstwerk ist mein Leben.«
Suzuki

Der regelmäßige Glücks-TÜV

Praktisch hält besser! Zum Abschluss haben wir für Sie eine Checkliste zusammengestellt, die die wesentlichen Punkte des Buches zusammenfasst. Unser Glücks-TÜV hilft Ihnen, mit dem Glück up to date zu sein. Die übersichtliche Checkliste hilft Ihnen dabei.

Warum ein Glücks-TÜV? Bei unserem Auto ist es uns selbstverständlich, dass wir es regelmäßig zur Inspektion in die Werkstatt bringen. Spätestens wenn die nächste Hauptuntersuchung, im Volkmund einfach nur TÜV genannt, ansteht, lassen wir unseren Wagen durchchecken und auf mögliche Schwachstellen oder Defekte untersuchen. Inzwischen gibt es von vielen Werkstätten sogar den Service, dass wir rechtzeitig vor dem nächsten Termin der Hauptuntersuchung angeschrieben werden, damit wir den Check nicht vergessen. Der Gesetzgeber fordert diese regelmäßigen Fahrzeugüberprüfungen, um die Sicherheit im Straßenverkehr zu gewährleisten.

Wie aber steht es mit den Checks in unserem Leben? Wann nehmen wir uns die Zeit, um eine gründliche Inspektion zu machen? Wie könnte so eine Inspektion überhaupt aussehen? Wie häufig sollten wir diese Begutachtung unseres Lebens durchführen?

Festgelegt sind die Wartungsintervalle für unser Leben in keiner Vorschrift. Leider fehlen uns daher häufig der Ansatz und der Druck für solche Lebensinspektionen. Wir verdrängen gern die schwierigen Fragen: Bin ich glücklich? Wie läuft es eigentlich gerade bei mir? Dafür ist in unserem betriebsamen Alltag keine Zeit. Autos können wir reparieren oder austauschen, unser Leben aber haben wir nur einmal. Wir können uns kein neues kaufen, wenn das alte irgendwelche Defekte hat und nicht mehr funktioniert. Beim Auto leuchtet es uns sofort ein, dass wir rechtzeitig tanken müssen und zwischen den vorgeschriebenen Wartungsintervallen auch kleine Inspektionen selbst durchführen müssen. Hier haben wir die Eckpunkte der Achtsamkeit in der Fahrschule gelernt. Für unser Leben allerdings gibt es keinen Führerschein. Die Schulen holen das ja mit dem Fach *Lebenskompetenz* inzwischen ansatzweise nach, wie wir im Kapitel *Glück kann man lernen* angedeutet haben. Auch da Sie dem Schulalter wahrscheinlich entwachsen sind, möchten wir Sie ermuntern, sich selbst zu regelmäßigen Lebensinspektionen zu motivieren. Dazu haben wir in diesem Teil die wesentlichen Punkte des Buches zusammengefasst und in Form von Übungen und individuell gestaltbaren Arbeitsmaterialien für Sie aufbereitet. All diese Vorlagen sollen Sie anregen, kreativ zu werden: Sie sollten sie für sich persönlich gestalten und umgestalten und für Ihre Verhältnisse anpassen. Manche dieser Angebote sollten Sie sich in Ihre persönliche Wiedervorlage legen, um sie immer mal wieder durchzugehen und zu aktualisieren. Es lohnt sich, einmal oder sogar zweimal im Jahr einen angenehm entspannten Tag für diese Form des Selbst-TÜV zu reservieren. Suchen Sie sich am besten einen festen Zeitraum aus, an dem Sie Zeit und Muße für diese Inspektion finden, beispielsweise immer am Jahresende als persönliche Jahresbilanz. Natürlich können Sie auch andere Termine wie Ostern, Ihren Geburtstag oder den Sommerurlaub dafür wählen. Wichtig ist dabei, dass Sie es auch wirklich regelmäßig tun. Nur so bleiben Sie dran und gestalten Ihr nachhaltiges Lebensglück.

Dem Tafelberg und der Glücksbalance widmen wir uns bei dieser Lebensinspektion ausführlicher. Danach geben wir Ihnen mit einer Übersicht über alle Schwerpunkte des Buches die Möglichkeit, sich rundum zu testen und immer wieder neu auf Ihr Glück einzustimmen.

Der Tafelberg

Mit dem Tafelberg als Modellweg zum nachhaltigen Lebensglück haben wir Ihnen im ersten Teil des Buches ein Bild an die Hand gegeben, das Sie sich möglichst alle ein bis zwei Jahre neu vor Augen führen sollten.

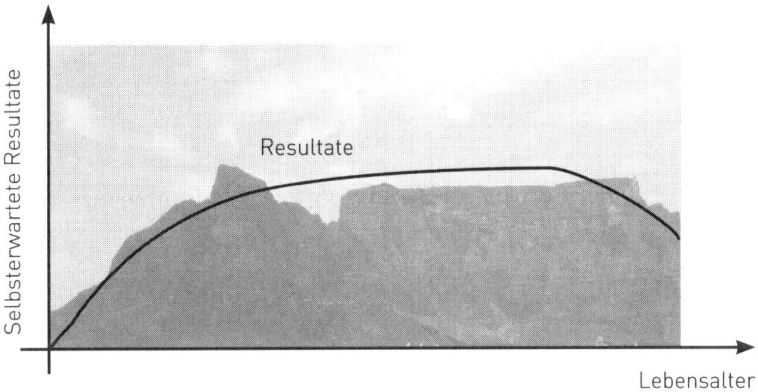

Der Tafelberg – Modellweg zum nachhaltigen Lebensglück

Wir empfehlen Ihnen Folgendes: Legen Sie sich eine Skizze des Tafelberges in Ihre persönliche Wiedervorlage, die Sie regelmäßig einmal im Jahr für eine Standortbestimmung durchgehen. Überlegen Sie, in welcher Lebensphase Sie sich zurzeit befinden und inwieweit Sie sich bisher mit zukünftigen Lebensphasen beschäftigt haben. Was erwarten Sie von sich und Ihrem weiteren Leben? Können Sie die Ziele erreichen, die Sie sich gesteckt haben? Sind diese Ziele zu leicht, herausfordernd und mit Anstrengung erreichbar, oder sind Ihre Ziele unerreichbar?

Fragen zu Ihrem persönlichen Tafelberg

Die folgenden Fragen zu den Phasen Ihres Tafelbergwegs sollten Sie sich für Ihre regelmäßige Inspektion selbst stellen.

- In welchem Lebensalter befinde ich mich?
- Welcher Phase würde ich mich zuordnen?
- Wie habe ich meinen bisherigen Weg erlebt?
- Wo bin ich über das Ziel hinausgeschossen?
- Welche Ziele konnten nicht verwirklicht werden?
- Welche Resultate erwarte ich von mir selbst? Sind diese Ziele realistisch?
- Was würde ein guter Freund über meinen bisherigen Lebensweg sagen?
- Welche herausfordernden Lebensereignisse habe ich in den letzten fünf Jahren gemeistert?
- Wie bereite ich mich auf die zukünftigen Phasen vor?
- Wer begleitet mich auf meinem Weg? Gehe ich ihn allein?

Gerade wenn man sich mit den unterschiedlichen Lebensphasen befasst, kann man leicht unzufrieden werden, weil viele Dinge einfach hinter einem liegen. Ein tröstlicher Vergleich aus dem Sport kann das Anforderungsprofil des Deutschen Sportabzeichens sein. Um es zu erwerben, muss man unter anderem eine Ausdauerleistung vorweisen, egal ob beim Laufen, Radfahren, Schwimmen, dem Skilanglauf oder dem Inline-Skating. Dabei, und das ist der für uns wesentliche Punkt, ändern sich die Anforderungen für eine erfolgreiche Prüfung je nach Altersklasse.

Das Anforderungsprofil des Deutschen Sportabzeichens für das Beispiel Laufen, Männer

Disziplin	8 Jahre	18 Jahre	40 Jahre	60 Jahre	80 Jahre
1000 Meter	6 Min.	–	–	–	–
3000 Meter	–	13 Min.	16 Min.	21 Min.	25 Min.

Wie die Tabelle zeigt, muss ein achtjähriger Junge eine Strecke von 1000 Metern in einer Zeit von maximal sechs Minuten zurücklegen. Ein junger Mann im Alter von 18 Jahren muss die dreifache Strecke zurücklegen und darf mit 13 Minuten aber nur etwas mehr als die doppelte Zeit dafür benötigen. Im Alter von 40 Jahren muss die 3000-Meter-Strecke dann in 16 Minuten gelaufen werden, um die Anforderungen in diesem Bereich zu erfüllen. Ein 60-Jähriger darf für die gleiche Strecke 21 Minuten benötigen und mit 80 Jahren sind sogar 25 Minuten erlaubt.

Dieser Vergleich hilft uns – als ehemaligen Leistungssportlern – auch immer wieder, um nicht den Höchstleistungen vergangener Tage nachzutrauern oder gar wie wild zu trainieren, um krampfhaft die alten Leistungen noch einmal zu erbringen. Auch wir haben inzwischen gelernt, dass wir uns an den für uns angemessenen Zielen orientieren müssen – und das nicht nur im Sport. Wenn man sich mit seinen Zielen an seine Lebensphase anpasst, kann man sich nicht so leicht unter- oder überfordern. So stellen sich Zufriedenheit und das damit verbundene Glücksgefühl ein.

Ihre persönliche Glücksbalance

In jeder Phase unseres Lebens sollten wir auch auf unsere persönliche Glücksbalance in den vier Lebensbereichen achten, wie im Kapitel *Nachhaltigkeit mit der Glücksbalance* beschrieben.

- Körper/Gesundheit
- Tätigsein/Leistung
- Beziehungen/Kontakte
- Werte/Haltung

Auch diese Balance sollte in regelmäßigen Abständen überprüft werden. Mit der folgenden Übung wollen wir Sie anregen, zunächst über Ihre derzeitige Situation nachzudenken.

Fragen zur Glücksbalance

Gehen Sie die folgenden Fragen für sich durch und beantworten Sie sie – am besten schriftlich.

- Wann haben Sie sich das letzte Mal intensiv mit Ihrem Körper befasst?
- Wie ernähren Sie sich?
- Treiben Sie regelmäßig Sport (mindestens zweimal pro Woche)?
- Wie viel Zeit verbringen Sie in Ihrem Job?
- Sind Sie ein interessanter Gesprächspartner für Ihre Freunde und Ihre Familie, oder kreisen Ihre Themen immer um die Arbeit?

- Wollen Sie abends Ihre Ruhe haben, wenn Sie nach Hause kommen, und nicht mehr mit Fragen und Problemen belästigt werden?
- Haben Sie eine großen Freundes- und Bekanntenkreis?
- Fühlen Sie sich auch wohl, wenn Sie einmal nichts zu tun haben?
- Was war das Lebensziel Ihrer Eltern? Was ist Ihr Ziel?
- Vergegenwärtigen Sie sich Lebensverläufe in Ihrem persönlichen Umfeld. Welche dienen Ihnen als Vorbild und warum?
- Auf welche Probleme in welchem Lebensbereich haben Sie den größten Einfluss?
- Von welchem der vier Lebensbereiche hängt Ihr Selbstwertgefühl am meisten ab?
- Hängen Sie der Vergangenheit nach? Befassen Sie sich mit der Zukunft?

Nachdem Sie sich mit diesen Fragen beschäftigt haben, sind Sie bestens auf den nächsten Schritt vorbereitet: die grafische Darstellung Ihrer persönlichen Glücksbalance.

Meine individuelle Glücksbalance

Zeichnen Sie in die folgende Grafik Ihre individuellen prozentualen Anteile innerhalb der einzelnen Lebensbereiche als Kreuz auf der jeweiligen Achse ein. Dabei sollten Sie Ihre zeitlichen Anteile bzw. die Anteile Ihrer

Lebensenergie, die Sie in den jeweiligen Bereich investieren, eintragen, am besten mit unterschiedlichen Farben. Verbinden Sie anschließend die vier Kreuze einer Farbe miteinander. Seien Sie möglichst ehrlich zu sich selbst und tragen Sie in diesem Schritt nicht die gewünschten Anteile ein. Nur so haben Sie die Chance, sich auf die Schliche zu kommen und eventuelle Disharmonien auszugleichen. Bedenken Sie, dass Sie insgesamt nur 100 Prozent Zeit und 100 Prozent Lebensenergie haben.

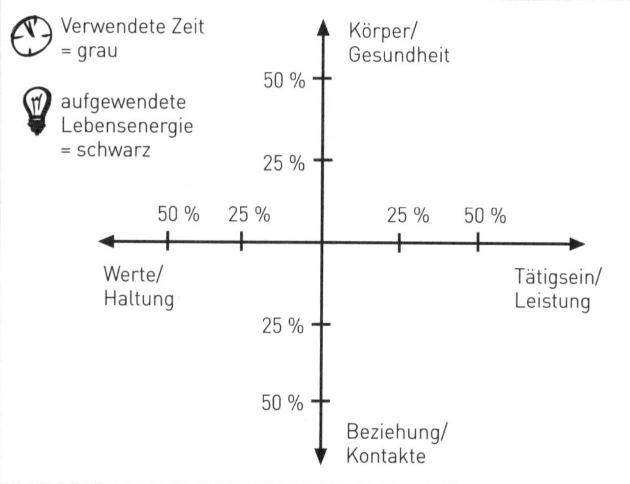

Meine derzeitige Glücksbalance

Im nächsten Schritt sollten Sie sich mit der Ausrichtung Ihrer zukünftigen Glücksbalance auseinandersetzen. Dazu müssen Sie sich zunächst Klarheit über die Werte, die für Sie in den vier Lebensbereichen maßgeblich sind, verschaffen. Gehen Sie die vier Lebensbereiche der Reihe nach durch und notieren Sie stichpunktartig, was Ihnen am Herzen liegt. Welche zukünftige Ausrichtung wollen Sie in den Bereichen vornehmen?

- Körper/Gesundheit

___

___

___

- Tätigsein/Leistung

___

___

___

- Beziehungen/Kontakte

___

___

___

- Werte/Haltung

___

___

___

Zur Orientierung wollen wir Ihnen beispielhaft für zwei Lebensphasen mögliche Eintragungen für die Glücksbalance zeigen. Wir haben das Alter von 30 und 55 gewählt und unterscheiden zwischen der aufgewendeten Energie und der investierten Zeit für die jeweiligen Lebensbereiche.

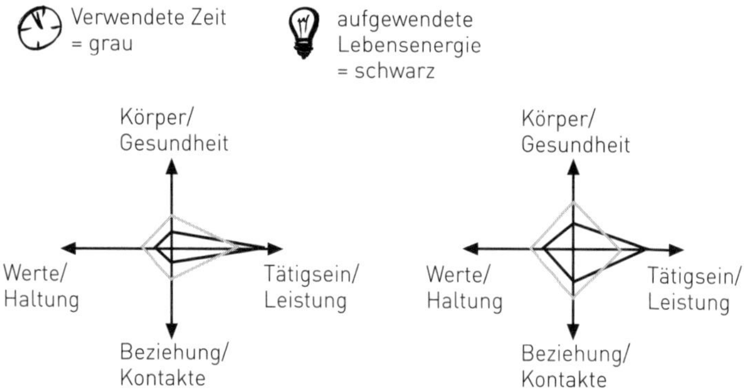

Beispiele für die Glücksbalance in verschiedenen Lebensphasen

Mit 30 Jahren sind wir in der Regel am Ende der Explorer-Phase angelangt. Wir investieren viel Zeit und Energie in den Bereich Tätigsein/Leistung, die anderen sind häufig kaum ausgeprägt. Mit 55 Jahren, beim Übergang in die Wisdom-Phase, werden wir die anderen Bereiche deutlich stärker mit Energie und Zeitanteilen bedenken, damit wir uns gut ausbalancieren können.

Leben Sie Ihr Leben nach dem Motto: »Die beste Investition, die wir vornehmen können, ist die in uns selbst – in unsere Ziele, in die Dinge in unserem Leben, die uns wirklich wichtig sind.«

Checkliste zur regelmäßigen Lebensinspektion

Jetzt haben Sie über viele Kapitel und Seiten hinweg eine ganze Menge an Informationen und Übungen erhalten. Für die regelmäßigen Inspektionen Ihres Glücksweges haben wir Ihnen in einer Tabelle die wichtigsten Elemente noch einmal übersichtlich zusammengestellt. Nachhaltigkeit bedeutet auch beim Glück letztlich, dass Sie sich regelmäßig mit Ihren persönlichen Ressourcen und Errungenschaften, Ihren Schwächen und Stärken beschäftigen. Diese Übersicht macht es Ihnen dabei so leicht wie nur möglich. Zu jedem der wesentlichen Inhalte des Buches bietet Ihnen die zweite Spalte eine kurze stichpunktartige Beschreibung, damit Sie sich schnell wieder in das Thema hineindenken können.

Der regelmäßige Check

Formulieren Sie ehrlich Ihren jetzigen Ist-Wert und setzen Sie sich einen Sollwert für die nächste Inspektion, die Sie beispielsweise in einem Jahr durchführen. An diesem Tag nehmen Sie sich die Blätter vom letzten Jahr wieder vor und gleichen ab, bevor Sie die nächste Zukunftsbilanz erstellen.

Das Ziel: Nachhaltiges Lebensglück

	Beschreibung	Istwert heute	Sollwert in einem Jahr
Tafelberg	Explorer-, Rushhour- und Wisdom-Phase, Lebensziele und Lebensseismogramm – Welcher Phase würden Sie sich derzeit zuordnen? – Was erwarten Sie für Resultate von sich selbst? Sind diese realistisch? – Welche Lebensereignisse haben Sie in den letzten fünf Jahren gemeistert? – Wer begleitet Sie auf Ihrem Weg? Gehen Sie alleine?		
Glücksbalance	Erstellen Sie Ihre Glücksbalance in den Bereichen: – Körper/Gesundheit – Tätigsein/Leistung – Beziehung/ Kontakte – Werte/Haltung Was können Sie verbessern? Wo gibt es Schieflagen? Welcher Bereich ist besonders betont?		

Der Ausgangspunkt: Klärung Ihrer Situation

	Beschreibung	Istwert heute	Sollwert in einem Jahr
Persönlichkeits-typ	Notieren Sie Ihre Anteile der Persönlichkeitstypen. Welche Anteile möchten Sie verändern? – Der Strukturierte – Der Mittelpunkttyp – Der Helfer – Der kleine König – Der Zauderer – Der partnerschaftliche Allrounder – Der Traumtänzer – Der (Selbst)Saboteur		
(S)trampelpfade	Schaffen Sie es, den Verführungen der (S)trampelpfade zu widerstehen? – Der *Ich helf euch*-Pfad – Der *Ich bin der Beste*-Pfad – Der *Das klappt doch nie*-Pfad – Der *Bäumchen wechsel dich*-Pfad – Der *Das geht nur so*-Pfad – Der *Nicht ohne dich*-Pfad		

	Beschreibung	Istwert heute	Sollwert in einem Jahr
Lebensbatterie	Wie voll ist Ihre Lebensbatterie? Wofür haben Sie Ihre Energie eingesetzt (Ausbildung, Umzüge, Partnerschaft, Kinder etc.)? Womit laden Sie Energie auf (Musik, Hobbys, Sport, Freunde, Humor)?		
Burnout	Sind Sie Burnout-gefährdet? Überprüfen Sie die vier Ebenen der Stressreaktion: 1. gedankliche Ebene (Leere im Kopf, Konzentrationsmangel) 2. emotionale Ebene (Angstgefühle, Wut und Aggressionen, Resignation) 3. vegetativ-hormonelle Ebene (Schlafstörungen, Hitzewallungen, hoher Blutdruck, Nervosität) 4. muskuläre Ebene (Rückenschmerzen, Verspannungen, Kopfschmerzen)		

	Beschreibung	Istwert heute	Sollwert in einem Jahr
Lebensgesetze	Welches sind Ihre inneren Lebensgesetze? »Ich muss immer perfekt sein.« »Ich bin vom Pech verfolgt« »Ich bin für alles verantwortlich.« Schreiben Sie Ihre aktuellen Gesetze auf und überlegen Sie, wie Sie diese inneren Gesetze situativ abmildern können. Wie können Sie fürsorglicher mit sich umgehen?		

Der Weg zu Ihrem nachhaltigen Glück: Neuorientierung am inneren Anker

	Beschreibung	Istwert heute	Sollwert in einem Jahr
Anker	Welches sind Ihre äußeren und inneren Anker, was gibt Ihnen Halt? Vorbilder, gesellschaftliche Regeln und Normen, Rituale, der eigene Maßstab, Selbstdisziplin … Was ist für Sie wichtig? Welche Spuren möchten Sie im Leben hinterlassen?		
Brillen	Welche der vier Brillen tragen Sie im Leben? – Finsternisbrille – rosarote Brille – Tunnelbrille – Realitätsbrille Wie oft und wie lange haben Sie diese regelmäßig auf?		
Bedürfnisse und Motivatoren	Welche Bedürfnisse und Wünsche haben Sie? Was treibt Sie an? Welche dieser Bedürfnisse können Sie bereits aktuell oder in absehbarer Zeit befriedigen?		

	Beschreibung	Istwert heute	Sollwert in einem Jahr
Kopf-Bauch-Kommunikation	Wie häufig handeln Sie rational und wie oft lassen Sie Ihren Bauch sprechen? Können Sie sich auf Ihre Intuition verlassen? Nutzen Sie diese als Ratgeber? Suchen Sie für alles eine Erklärung? Werden Sie sich über die Kommunikation zwischen Ihrem Bauch und Ihrem Kopf bewusst.		
Haltung	Achten Sie auf Ihre innere und äußere Haltung? Spüren Sie die Verbindung zwischen den beiden? Wie häufig haben Sie in der letzten Zeit bewusst diese Wechselwirkung trainiert und genutzt? Richten Sie sich bewusst regelmäßig auf, damit Sie auch in der Krise gerade stehen können und sich nicht das Rückgrat verbiegen lassen!		

Zum Abschluss

Wir hoffen, dass wir Sie mit diesem Buch anregen konnten, Ihr Lebensglück in Ihre eigenen Hände zu nehmen. Uns war die praktische Handhabbarkeit all unserer Angebote wichtig, damit Sie selbst konkrete Schritte unternehmen können, Ihren individuellen Weg, allein oder in Gemeinschaft, zu gehen. Für Anregungen und Rückmeldungen sind wir gern über unsere Internetseite www.christ-fenn.de erreichbar. Hier haben wir auch einige Arbeitsmaterialien und Vorlagen für Sie vorbereitet, die Sie herunterladen können und auch Bilder zu den einzelnen Übungen stehen hier für Sie bereit. Wir wünschen Ihnen viel Kreativität, Energie und natürlich Glück – und verabschieden uns mit dem Motto: »Lass dich nicht leben, sondern lebe selbst!«

Ein paar Literaturempfehlungen

- Albom, Mitch: *Dienstags bei Morrie*, Goldmann 2002.
- Burkhard, Gudrun: *Das Leben in die Hand nehmen*, Verlag freies Geistesleben 2000.
- Chopich, Erika J. und Paul, Margarete: *Aussöhnung mit dem inneren Kind*, Ullstein 1997.
- Cichowski, Rolf Rüdiger: *Erfolg im Beruf*, Ariston 1995.
- Covey, Stephen R.: *Die sieben Wege zur Effektivität*, Campus 1992.
- Fisher, Roger: *Das Harvard-Konzept*, Campus 2004.
- Frankl, Viktor E.: *Trotzdem Ja zum Leben sagen*, dtv 2000.
- Fritz-Schubert, Ernst: *Schulfach Glück: Wie ein neues Fach die Schule verändert*, Herder 2008.
- Gigerenzer, Gerd: *Bauchentscheidungen. Die Intelligenz des Unbewussten und die Macht der Intuition*, C. Bertelsmann 2008.
- Jaeggi, Eva; Gödde, Günter; Hegener, Wolfgang und Möller, Heidi: *Tiefenpsychologie lehren – Tiefenpsychologie lernen*, Klett-Cotta 2003.
- Krishnamurti, Jiddu: *Das Wesentliche ist einfach*, Herder 2006.
- Kübler-Ross, Elisabeth: *Interviews mit Sterbenden*, Kreuz 1981.
- Laaser, Hurrelmann: *Gesundheitswissenschaften*, Beltz 1993.
- Lelord, Francois: *Hectors Reise oder die Suche nach dem Glück*, Piper 2006.

- Peseschkian, Nossrat und Peseschkian, Nawid: *Erschöpfung und Überlastung positiv bewältigen*, Trias 2003.
- Pöhlmann, Simone und Roethe, Angela: *Streiten will gelernt sein*, Herder 2004.
- Rosenberg, Marshall N.: *Gewaltfreie Kommunikation*, Junfermann 2005.
- Rust, Serena: *Wenn die Giraffe mit dem Wolf tanzt*, KOHA, 2008.
- Saint-Exupéry, Antoine de: *Der kleine Prinz*, Karl Rauch Verlag 1998.
- Schellenberger, Herrmann Miedlich: *Sport und Gesundheit*; Nürnberger Lebensversicherung AG 1992.
- Schulz von Thum, Friedemann: *Miteinander reden*, Rowohlt 2005.
- Sharma, Robin S.: *Der Mönch, der seinen Ferrari verkaufte*, MensSana 2008.
- Siegrist, Johannes: *Soziale Krisen und Gesundheit*, Hogrefe 1996.
- Watzlawick, Paul: *Wie wirklich ist die Wirklichkeit?*, Piper 2001.

Zur Entstehung des Buches

An diesem Buch haben wir insgesamt mehr als ein Jahr gearbeitet. Dabei haben wir viel diskutiert, viel geschrieben und umgeschrieben, uns geärgert, aber auch viel Glück erfahren. Damit auch Sie eine Vorstellung von dem bekommen, was uns bei der Entstehung dieses Buches bewegt hat, lassen wir Sie gern hinter die Kulissen blicken:

- Die Sohlen heiß gelaufen: Für kreative Pausen diente uns das Laufen, was wir beide gern machen. Der Kopf wird dabei frei für neue Ideen, und wir hatten jede Menge Spaß, uns bei Wind und Wetter die Sohlen heiß zu laufen.
- Gesund genossen: An den gemeinsamen Arbeitstagen haben wir viel Wasser getrunken, gesunde Lebensmittel (zum Beispiel viel Obst, wie sich das gehört) und zu unserem Genuss auch etliche Kuchenstücke verdrückt. Zucker macht ja bekanntlich auch manchmal ein bisschen glücklich und dazu noch leistungsfähig – zumindest wenn man die Süßigkeiten in Maßen genießt.
- Über 2000 Blatt Papier bedruckt: Wir haben versucht, möglichst viel papierlos auf dem Computer zu schreiben. Zwischenzeitlich mussten dennoch die Versionen ausgedruckt werden, um während der gemeinsamen Diskussion mit bunten Stiften mit einer Vielzahl von Anmerkungen bekritzelt zu werden.
- Über PC, Drucker und sonstige Infrastruktur gemeckert: Wenn uns dann schon einmal die Schreibwut gepackt

hatte, traten leider immer wieder Pannen auf. Der PC stürzte ab, der Drucker zerknüllte das Papier oder der Toner war leer.

- Ideen für neue Buchprojekte gesammelt: Während wir an diesem Buch gearbeitet haben, sind uns viele Ideen für weitere Buchprojekte eingefallen. Dabei sind auch schon einige Kapitel entstanden, die aber den Rahmen dieses Buches gesprengt hätten und die wir deshalb in weiteren Büchern verarbeiten werden.
- Seminare und Vorträge verbessert: Ursprünglich ist die Idee zu diesem Buch vor allem aus unseren Vorträgen und Seminaren entstanden. Während der Arbeiten an diesem Text haben wir die Materialien unserer anderen Angebote weiterentwickelt und gründlich überarbeitet.
- Lebenserfahrung gewonnen: Insgesamt hat uns dieses Buch auch ein Jahr mehr Lebenserfahrung eingebracht. Wir haben uns und unsere Modelle weiterentwickelt, da wir uns selbst wieder intensiv damit auseinandersetzen mussten. Dabei haben auch wir für unser nachhaltiges Lebensglück einige bereichernde Erfahrungen gesammelt – getreu dem Motto: »Lernen durch Lehren.«

Über die Autoren

Dr. med. Claudia Christ

Jahrgang 1964, ausgebildete Internistin und Master of Public Health, die nach Jahren der Tätigkeit als Rettungsmedizinerin und Ärztin in verschiedenen Krankenhäusern auch mehrere Jahre Führungserfahrung im Klinikmanagement gesammelt hat. Nach einer weiteren Ausbildung zur Psychotherapeutin ist Claudia Christ inzwischen eine erfahrene Therapeutin mit eigener Praxis, die außerdem als Dozentin und Supervisorin sowie im Coaching von Führungskräften tätig ist. Sie hat eine Vielzahl von Artikeln in Fachzeitschriften veröffentlicht und als Autorin an mehreren Büchern mitgewirkt.

Claudia Christ ist ehemalige Leistungssportlerin (Triathlon), heute betreibt sie ihren Sport nur noch als Ausgleich zur Arbeit. Muße findet sie in der Musik und in der Malerei.

Dipl.-Ing. Bernhard Fenn

Jahrgang 1967. Als Diplomingenieur mit kaufmännischem Aufbaustudium ist Bernhard Fenn seit 1993 in der Energieversorgung tätig, davon bereits seit über zehn Jahren in Führungsverantwortung im Topmanagement. Er ist ein gefragter Berater und Referent für die Energieversorgung der Zukunft und Dozent an verschiedenen wissenschaftlichen Einrichtungen. Als Autor steht er für zahlreiche Veröffentlichungen in Fachzeitschriften. Außerdem engagiert er sich als Mentor und persönlicher Coach für Nachwuchsführungskräfte.

Bernhard Fenn, ehemaliger Leistungssportler (Zehnkampf und 400-Meter-Hürdenlauf), ist inzwischen als Freizeittriathlet und Trainer für eine Rückenschule aktiv. Muße findet er beim Gitarrenspiel.